U0949755

市场波动下的供应链竞争力提升策略与方法

肖蕾 著

WUHAN UNIVERSITY PRESS
武汉大学出版社

图书在版编目(CIP)数据

市场波动下的供应链竞争力提升策略与方法/肖蕾著.—武汉：武汉大学出版社,2022.12

ISBN 978-7-307-23331-7

Ⅰ.市…　Ⅱ.肖…　Ⅲ.企业管理—供应链管理—竞争力—研究　Ⅳ.F274

中国版本图书馆 CIP 数据核字(2022)第 179598 号

责任编辑:胡　艳　　责任校对:李孟潇　　版式设计:马　佳

出版发行：**武汉大学出版社**　(430072　武昌　珞珈山)

(电子邮箱：cbs22@ whu.edu.cn　网址：www.wdp. com.cn)

印刷:武汉邮科印务有限公司

开本:720×1000　1/16　印张:7.25　字数:118 千字　插页:1

版次:2022 年 12 月第 1 版　2022 年 12 月第 1 次印刷

ISBN 978-7-307-23331-7　定价:30.00 元

版权所有，不得翻印；凡购我社的图书，如有质量问题，请与当地图书销售部门联系调换。

前　言

近年来，在技术升级和消费升级的双重驱动下，电商、物流、采购、快递等业态融合创新发展，从而对生产和流通环节的结构性改革提出了新的要求。党的十九大报告提出，要在现代供应链等领域培育新增长点和形成新动能。由此可见，加快供应链创新，建设现代供应链，已经成为深化供给侧结构性改革、建设现代化经济体系的重要内容。而供应链的创新发展必须立足于将供给侧和需求侧有机地结合起来，打通从前端设计、生产到最后消费的各个环节，最终实现供需匹配。然而在实践中，一方面，由于我国的供应链发展起步相对较晚，企业的供应链管理意识相对薄弱，制造商和零售商之间零和博弈较多而合作机制较少；另一方面，在新零售时代，生产技术的升级导致产品更新换代的速度越来越快，与此同时消费者需求也日益多样化、个性化和复杂化。这些变化都导致供应链供需两端的波动性越来越大，从而对现有的供应链管理提出了新的挑战。

具体来看，随着市场竞争加剧和消费者需求快速变化，企业需要通过新技术引进提升产品质量，缩短产品更新换代周期，提高市场反应程度。但与此同时，新技术的使用也会使产品开发和推广变得具有风险，产生供应端质量信息波动。此外，激烈的竞争环境下，需求端存在大量的随机因素对供应链的整体运行产生负面影响。随着消费者需求的个性化和偏好的多样性，企业在开发新产品时往往无法准确掌握消费者的需求偏好和购买习惯，从而导致新产品的市场定位和定价与市场需求不匹配。为此，需求端信息波动和信息技术的发展给零售商经营带来了新的机遇与挑战。此外，由于上下游企业（制造商-零售商）在供应链结构所承担的角色不同，各自所拥有信息和产品优势也不相同。制造商拥有更多关于研发能力、产品质量、生产成本等方面的信息，而零售商则拥有消费者偏好、销售能力、市场需求等方面的信息。因此，面对着供需两端的信息波动，制造商和零售商必须充分利用自身优势，加强和开展不同程度的合作，以提高供应链整体的协同水平。

本书将在这一市场背景下，聚焦三类能够提升产品质量和市场需求的企业运营策略：制造商产品质量提升、零售商销售努力和市场信息获取，综合运用运营管理、信息经济学、行为经济学、博弈论等理论知识，将理论研究与实证研究、定量研究与定性分析相结合，研究不同策略之间的交互影响机理及其对于改善企业个体和供应链整体绩效的重要意义。

本书是国家自然科学基金青年项目“双边信息波动下供应链产品质量提升与需求匹配联动策略研究”（项目编号：71901090）以及湖北大学人文社会科学青年学术创新团队（HBQN0103）的阶段性研究成果，是在本人博士学位论文基础上所形成的著作。

在本书写作过程中，得到了湖北大学、湖北大学商学院、湖北大学工商管理学科的支持和指导。书中疏漏之处恳请广大读者批评指正！

作　者

2022年7月

目　　录

第1章 绪　　论

1.1 研究背景

在高速发展的经济状态下，供应链企业面临着市场需求不确定、客户要求高、竞争对手多等激烈的市场竞争，供应链协同的重要性和必要性日益凸现。但是，供应链成员以追求个体利益最大化为目标往往破坏了供应链成员间的协同关系，对供应链的整体效率产生影响。1987 年，保洁公司向其下游两家大型百货零售商推销其及时供货系统，其中 Walmart 购入，而 Kmart 并未继续使用，最终 Walmart 打败众多竞争对手，成为拥有 4000 多家大卖场的最大百货零售企业，而未使用该信息系统的 Kmart 公司申请破产。可以看到，在激烈的市场竞争环境下，企业依靠单打独斗已无法面对全环节的竞争和对市场需求的快速响应，必须联合上下游企业形成整合的竞争能力才能获取共赢。

供应链协同是指供应链中各节点企业基于共同目标，为了提高供应链整体竞争力而进行的彼此协调和联合努力的业务交往和协作的运作模式，目的在于有效地利用和管理供应链资源（Lee 等，1999）。这套及时供货系统正是保洁公司运用供应链协同的思想，将保洁公司与下游零售商的数据库进行连接，提升供应链的整体效益，使零售商在竞争中立于不败之地。Rothwell（1992）指出，供应链管理是一个多要素协调过程，需要组织内部和组织之间的统筹和整合。供应链协同的管理内容主要包括产品设计协同、需求协同、采购协同、库存协同、物流协同等方面。供应链中，供应商、核心企业、分销商等往往距离真实用户较远，无法直接感知用户的真实需求。当需求从前端通过订单方式往后端层层传递时，需求信息的不真实性沿着供应链逆流而上，产生逐级放大的现象，这就是牛鞭效应。

在未出现供应链协同之前，上游企业无法接触到真实的用户信息，下游企业无法掌握真实质量信息，仅仅通过毫无根据的需求预测造成产品研发和销售努力投入不足、库存积压或库存短缺、产品线调整不及时，使产品质量和需求降低。若不实施需求协同，企业需求信息得不到有效共享，将会出现牛鞭效应，阻碍企业的需求驱动机制运行。

需求协同是指供应链上下游企业为了降低需求不确定对供应链的影响，实行需求信息的共享（Lee 等，1997；Chen 等，2000）。一方面，伴随着消费者需求的个性化和偏好的多样性，企业在开发新产品时往往无法准确掌握消费者的需求偏好和购买习惯，从而导致新产品的市场定位和产品定价与市场需求的不匹配。另一方面，伴随着产品更新换代的速度越来越快，消费者无法完全了解新产品的质量和特性信息，进而抑制了自身的购买意愿。正是鉴于这种需求信息不确定现象的普遍存在，实行需求协同成为改善供应链效率的关键一环。制造商掌握了产品研发能力、质量投入、成本等影响市场需求的信息，零售商掌握了销售努力程度、消费者偏好、信息获取成本等市场需求信息。实现制造商和零售商双方需求信息的共享，是实现需求协同的有效途径。

在市场竞争激烈和消费者需求快速变化的今天，新产品的开发与成功推广是企业维持竞争力的生命线。在绝大多数行业，新产品销售收入可以占到整个企业销售收入的 30%以上，而在竞争激烈的创新性行业中，这个数字超过了 80%。然而，新产品开发与推广同样也是一项极具风险的商业活动，企业大量资金的投入并不能保证带来新产品的销售成功。一份来自美国的报告显示，尽管行业有所不同，但是整体上新产品的失败概率高达 40%~90%。以美国零售行业为例，在平均每年要推出的大约 30000 种新产品中，70%~90%的产品在货架上存活不超过 12 个月。对于造成新产品销售失败的主要原因，一个普遍认同的观点是：新产品交易过程中存在着需求信息不确定和不对称问题。

需求信息中双边信息不确定是影响需求协同关键环节。在绝大多数的经济活动中，由于供应链企业在市场上承担的角色差异，买卖双方所拥有的关于交易产品的信息并不相同，双方存在不同的信息优势。例如，制造商则拥有更多关于研发能力、产品质量、生产成本等方面的信息，而零售商拥有消费者偏好、销售能力、市场需求等方面的信息。在供应链运行过程中，存在大量的随机因素，比如制造商产品质量不稳定，使零售商无法准确掌握真实质量水平，也带来了受产品质量影响的市场需求的不确定。零售商对于消费者偏好和市场需求的不确定，在影响自身销售努力投入程度判断的同时，也使制造商无法掌握客户真实偏好以及市场需求。这种信息的差异化和信息的未知性分别被定义为信息不确定。它会导致买方和卖方对于产品质量和需求的识别产生障碍，从而无法进行有效的市场交易决策。以手机市场为例，一项英国手机管理公司（Snapin）进行的调查报告显示：由于产品更新换代的速度太快，60%以上的消费者对于其购买手机的绝大部分功能不了解。与此同时，一个手机开发商平均一年新推出的手机品种达到一百种以上，但是其中绝大多数产品会由于对消费者定位或定价的不准确而以失败告终。此外，这种由于信息不确定所导致企业和消费者利益受损的现象还广泛存在于诸如食品、医药、快消品、能源等竞争激烈的市场环境中。因此，针对买卖双边不确定信息（需求信息—产品质量信息），找到有效识别需求的方法，提升卖方的质量水平，进而提高买卖双方交易决策的准确度，是一个亟待解决且极具研究价值的现实问题。

为了消除消费者信息不确定所可能带来的决策障碍，一方面，制造商通过在产品研发上进行投资提升产品质量，挖掘市场需求；零售商通过投入销售力量拉动需求增长。这是制造商和零售商交互领域的两类重要市场提升战略（Gurnani等，2007；Gurnani 和 Erkoc，2008；孟庆峰和盛昭瀚，2014）。零售商销售努力行为是指零售商进行营销路演、广告和陈列投入、客户体验活动等提升市场需求的活动。例如，在个人计算机领域，计算机的需求不仅依托于英特尔在新一代处理器上的研发和投入，也与电脑的制造商或零售商（如 Dell）在客户购买和售后服务的投入息息相关。另一方面，在实践中企业往往会采取一系列的方法和手段来搜集顾客与市场信息，进而掌握消费者的产品需求和偏好特征（Li 等，1987；Vives，1988），这属于消费特征获取行为。例如，企业可以通过建设大规模的客户信息数据库（以 Walmart 为代表）来分析消费者的购物习惯，或者采取问卷调查等方式来了解消费者的产品偏好。根据这些消费者信息，企业就能够更加精准地设计其随后的产品定价和推广策略。在零售商上述两类提升市场需求的策略中，对于制造商而言，零售商是否进行销售努力或是否采取信息获取并不确定。同样的道理，制造商质量提升受随机性因素影响，质量提升效果也不确定。制造商和零售商之间双边信息不确定，将阻碍需求驱动机制的进行，从而降低双方进行质量提升、销售努力或信息获取的积极性。

尽管在实践中企业会使用消费特征信息获取与销售努力承诺来降低由于需求信息识别障碍所带来的交易损失，但是在如何正确评估它们的作用，如何合理运用这些信息获取与销售努力手段，以及如何深入挖掘其应用价值等方面，却缺乏相应的理论参考和实践指导。尤其是在当前竞争激烈的市场环境中，交易过程中信息不确定的现象频繁发生，为了获得消费者的青睐，企业除了需要提供真正符合消费者偏好的产品之外，还必须有针对性地将这些产品优势信息及时传达给消费者。而实现这一切的前提则在于企业能够科学认识消费特征获取与销售努力策略对于消费者购买行为和制造商质量提升行为的影响，在战略层面合理规划这两种相互关联的信息策略，并在战术层面正确选择相应的信息获取与销售努力手段。本研究将研究制造商和零售商交互领域双边信息不确定问题，在此背景下探讨企业双方以及供应链的均衡策略。

双边信息不确定是影响供应链协同的重要因素，而供应链企业间的契约设计是促进供应链协同，有效提升供应链整体收益的一种方法。目前，关于供应链需求协同成本共担机制的研究比较多，但是绝大部分研究都集中在上、下游间需求提升活动的成本分担必要性和成本分担比率，而对于制造商和零售商双边信息不确定决策顺序策略下的成本共担问题却鲜有文献进行过分析。为此，本研究将双边信息不确定背景下不同决策顺序策略问题和成本共担契约作为研究重点。

综上所述，尽管供应链协同问题已经成为改进供应链效率研究的重点，而供应链合作机制也在广泛研究和实践，但在双边信息不确定下，关于需求提升活动决策顺序的研究较少，鲜有学者在此基础上引入成本共担机制进行研究和改善。鉴于此，本研究将针对供需信息不确定下需求协同问题展开分析。研究制造商和零售商组成的标准二级供应链。制造商确定产品质量，零售商确定销售努力水平或信息获取行为。通过模拟需求信息不确定状态下（质量水平提升受随机因素影响，销售努力程度和信息获取决策由零售商自行决定），从供应链中不同角色出发（制造商、零售商、供应链），通过综合运用运营管理、信息经济学、行为经济学、博弈论等理论知识，探讨在不同情境和不同合作机制下，不同决策顺序策略，构建多种不确定信息情境下的供应链企业优化决策模型，揭示制造商和零售商在需求提升方面的交互影响关系，提出能够有效提升供应链绩效的决策方案。

1.2 研究问题和研究意义

1.2.1 研究问题

尽管制造商和零售商决策领域中开始关注制造商质量提升和零售商销售努力的研究，但关于制造商和零售商合作决策顺序的研究还比较缺乏，制造商质量提升和零售商信息获取合作决策也鲜有研究。鉴于此，本书将重点关注不同决策顺序下制造商和零售商合作机制研究问题。具体而言，可以分解为以下几方面：

（1）供应信息不确定下制造商质量提升和零售商销售努力的联动决策研究。供应链中，企业之间既相互竞争又相互合作，借此使自身利益最大化。企业双方希望建立合作关系，实施需求提升活动，影响市场需求。这些需求提升活动包括制造商投资技术研发，提升产品质量；零售商投资销售，努力扩大市场需求。由于溢出效应的存在，任何一方的投资都能使供应链中其他伙伴受益。同时，投资企业通过定价来最大化自身利益：制造商在质量上进行投资，以期望制定更高的批发价；零售商在销售努力方面投入，以期望制定更高的零售价。制造商的产品质量提升和零售商销售努力行为对双方制定价格均产生影响。在此状态下，由于对另一方投入过低从而影响需求的顾虑，制造商质量提升和零售商销售努力的决策时间将影响双方投资决策，从而影响供应链企业间的利益。因此，本书要研究的是：零售商销售努力行为对制造商质量提升水平产生的影响；零售商进行销售努力承诺的时机对制造商、零售商的均衡决策以及供应链效率产生的影响。

（2）需求信息不确定制造商质量提升和零售商信息获取的联动决策研究。制造商在投资产品技术研发，改进产品质量的同时，零售商可以通过信息获取行为解决需求信息不确定的问题。对于信息获取的方式，企业可以直接面向消费者和终端市场搜集信息，亦可以通过第三方机构来掌握目标市场的消费者信息，如购买百度、谷歌、阿里巴巴等网络企业所储存的客户网上消费记录（cookie）。站在零售商的角度，其信息获取行为能帮助其掌握消费者和市场动态，激励制造商投入产品质量提升。但与此同时，这也必然会带来信息获取成本的增加，影响自身效益。对此，目前尚未有相关研究理论，将制造商质量提升和零售商信息获取策略的联合，则是一种新的方法。因此，本书要研究的是：零售商进行信息获取是否能促进制造商进行质量投资，又或者对制造商的质量投资产生怎样的影响？不同时间点进行信息获取将对企业的均衡决策产生何种影响？不同的决策顺序策略将对制造商、零售商的投资决策以及供应链效率产生何种影响？

(3) 双边信息不确定下的供应链成本共担机制研究。在双边信息不确定情境下，零售商采取销售努力或信息获取的行为激励制造商研发投入提升质量水平。零售商既要为销售的努力投入付出相应成本，也要为信息获取行为承担高额费用(Shin 和 Tunca，2010；Guan 和 Chen，2016)。零售商由于对不确定的市场需求能否支撑其在销售努力和信息获取的花费存在疑虑，可能会放弃采取两类市场需求提升的活动。在此情境下，制造商在质量提升的同时，可通过成本共担机制来进一步优化供应链。因此，本书要研究的是：制造商和零售商联合决策背景下引入成本共担机制，成本共担对零售商采取销售努力和信息获取行为产生的影响；制造商在什么条件下愿意引入成本共担？成本共担机制对制造商质量提升、零售商销售努力承诺、零售商信息获取等不同决策顺序产生的影响；成本共担对制造商和零售商企业双方以及供应链效率产生的影响。

1.2.2　研究意义

1. 理论研究意义

本研究文从供应链信息分享和契约设计入手，系统性地研究需求信息不确定情境下供应链的合作机制。首先，对制造商和零售商联合决策进行系统化研究拓展。多数研究关注制造商和零售商独立决策行为，较少研究关注到制造商和零售商联合决策。本研究对两者交互影响作用进行较为系统剖析，在市场需求不确定条件下，对制造商质量提升、零售商销售努力以及需求信息获取行为决策进行研究，建立了制造商和零售商联合决策模型。其次，将制造商和零售商不同决策顺序比较引入到联合决策研究中。书中研究了零售商事前承诺、事后承诺、承诺获取、条件获取（制造商质量提升前后）不同决策顺序下企业双方以及供应链的效率，得到在不同条件下企业双方及供应链的最优决策顺序。最后，在制造商和零售商联合决策模型下引入成本共担机制，比较不同顺序决策模型下成本共担契约和对供应链的改进状况。

2. 现实研究意义

改革开放40多年来，我国的生产力不断提升，市场竞争变得更加激烈，消费者的个性化需求也越来越多。观察我国企业发展现状，与世界上的优秀企业间仍存在不小差距，这种差距不单纯体现在产品本身质量上，更多是体现在市场信息搜集与利用、产品宣传与推广等企业运营决策上。究其原因，一方面是市场瞬息万变导致企业与消费者信息不对称的现象频繁发生，另一方面是上、下游企业间以自我为主，各自为政的情况依然存在。针对这些不足，本研究的关注焦点是制造商和零售商如何通过交互影响，采取质量提升、销售努力和信息获取等一系列运营管理手段，来消除信息不确定所带来的负面影响，提高运营决策的准确度，进而实现营业额的增长。为此，揭示供应链上下游企业间（制造商和零售商）交互影响关系，能够帮助管理层深刻理解市场特点和消费者行为，通过系统分析不同顺序决策下质量提升和信息获取，质量提升的销售努力策略，可以帮助企业在战略层面合理规划这两种相互影响的信息策略，并在战术层面精准设计相应的市场信息获取、产品宣传和推广以及质量提升手段。这些研究成果都将有效指导企业实践，提高企业市场竞争能力。

1.3 研究内容及思路

1.3.1 内容及结构

本书共有5章，内容安排如下：

第1章为绪论。首先介绍了在技术升级和消费升级的双重驱动下，供需信息不确定性越来越大，对现有供应链管理提出了新的挑战。结合面临问题，从供应端质量信息不确定、需求端信息波动和信息技术的发展以及供需不确定下对供应链企业合作提出的新要求出发引入了本书的研究思路和方法，提出了创新点。以国内外供应链企业间交互行为的研究现状为基础，对相关的研究文献进行系统梳理，主要包括制造商和零售商交互作用、零售商信息获取和分享以及供应链协同三个方面，着重对制造商质量提升、零售商销售努力、零售商信息获取与分享、成本分担契约设计以及决策顺序讨论等文献进行总结和综述。通过文献分析发现在上述三方面在供需信息不确定环境下仍然有一些新问题没有解决，这些问题是本书讨论的重点。

第2章为考虑质量提升的零售商销售努力承诺策略研究。本章将建立在质量不确定导致需求不确定环境下的制造商质量提升和零售商销售努力交互影响的利润模型。在此基础上，分别探讨事前销售努力承诺和事后销售努力承诺的均衡决策水平，比较两种决策顺序下制造商、零售商以及供应链的最优决策。在此基础上，对制造商质量提升和零售商销售努力的决策顺序做进一步延伸，探讨不同顺序决策下的供应链优化情况。

第3章为考虑质量提升的零售商信息获取策略研究。在第2章基础上，本章研究质量不确定导致需求不确定环境下的制造商质量提升和零售商信息获取交互影响的利润模型，比较分析了零售商承诺获取和条件获取两类决策顺序下的供应链及企业的均衡策略以及供应链优化改进情况。同时，本章对响应型质量提升模型做了进一步拓展，研究制造商获取消费者偏好信息后采取质量提升的供应链改进效用。

第4章为制造商实施成本共担契约设计的扩展研究。在第2章和第3章基础上，本章引入成本共担机制，考虑基于零售商销售努力的成本共担和基于零售商信息获取两种不同策略下成本共担模型。分析两类交互影响下成本共担机制在不同决策顺序下帕累托改进区间和均衡决策，得到供应链最优的成本共担比率。

第5章对本书的研究工作全面总结，指出本研究还未解决的问题，提出未来研究的展望。

1.3.2 研究思路方法

本书按照“提出命题——分析运作机制——构建数学模型——提出运作策略”的研究思路，总结和提炼供需信息不确定下供应链协同合作，制造商和零售商交互作用等研究内容，结合管理学、经济学和数学优化理论（运筹学、博弈论、管理经济学、约束理论等），采用模型建立与博弈论相结合的研究方法，

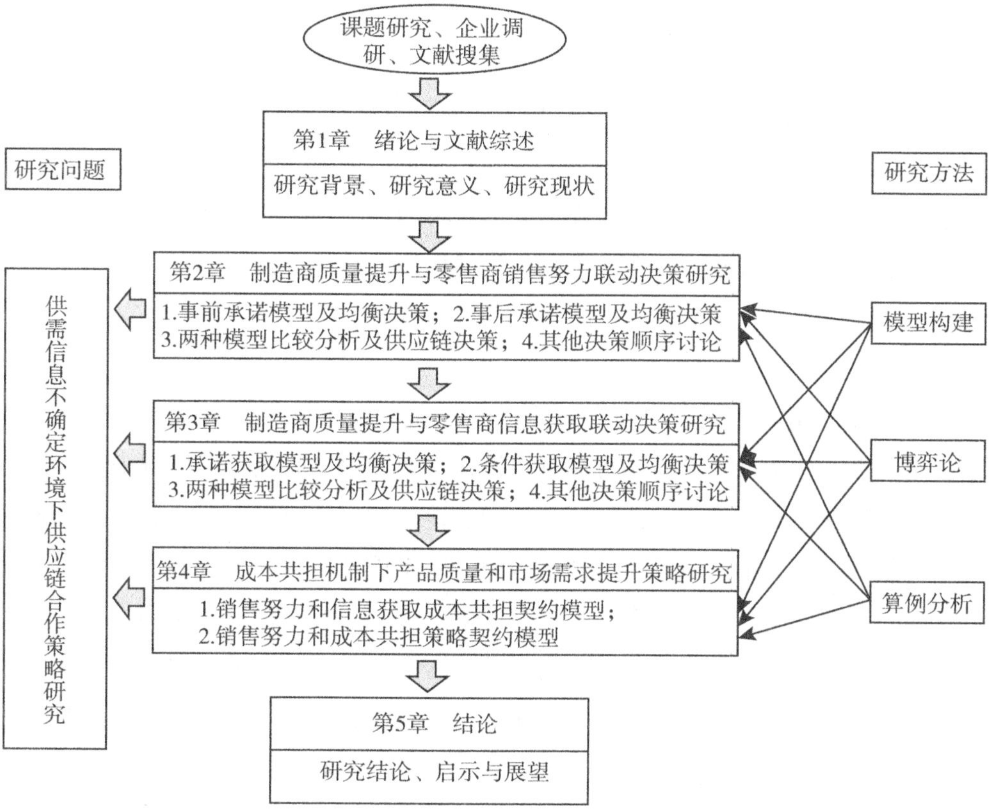

图 1-1 框架结构图

全面系统地研究信息不确定下产品质量和市场需求提升策略。具体研究方法如下：

1. 数学建模

参考国内外研究人员在运营管理、信息管理和营销管理等方面的有关成果，提炼出有关企业质量提升、销售努力、信息获取、成本分担等科学问题，并且根据制造商和零售商不同交易主体间的相互关系，将这些科学问题描述成数学模型并进行分析。在这一过程中，不同交易主体决策行为间的交互影响作用将是关键环节。因此，将运用消费者行为理论来刻画消费者的产品质量更新过程。

2. 数学优化理论方法

针对供应链协同优化问题，本书将运用大量的数学优化理论方法，具体包括：运用数学模型方法和公理化方法刻画企业销售行为与消费者购买行为；运用概率论、非合作博弈等方法探讨在供需信息不确定下的企业最优决策；运用动态规划、多目标决策找到多企业在不同市场结构下的最优决策。

1.3.3 主要创新之处

（1）刻画制造商和零售商产品质量提升和市场需求提升策略的交互影响关系。制造商进行质量提升、零售商进行销售努力和信息获取是供应链中上下游经济主体为实现供应链效率优化的行为活动。传统供应链研究主要从制造商和零售商角度分别探讨，本书将制造商和零售商的效率提升行为联合刻画，重点研究两种行为的交互作用；不同于现有文献关注供应链企业契约设计的协同优化，本书将重点考虑制造商质量提升和零售商需求匹配两种相对独立但又彼此联系的企业行为，重点研究两种行为的交互影响作用；构建制造商和零售商交互行为联动决策模型，运用逆向归纳、分析比较的方法，分析不同联动策略对于企业个体和供应链绩效的影响。

（2）揭示决策顺序对于供应链企业决策和收益的影响方式。本书在已有的研究供应商和零售商交互策略的基础上，进一步考虑不同决策顺序的影响作用，重点围绕零售商两类需求提升策略（销售努力和信息获取）的承诺时机构建决策顺序模型，将不同顺序模型进行比较，得到零售商进行事前、事后承诺和承诺获取、条件获取多个优化策略，探求不同决策顺序对于制造商质量提升策略、供应链信息透明度和供应链整体运作绩效的影响方式。

（3）探讨供需双边信息波动下的供应链成本分担合作机制。本书引入制造商主动分担零售商需求提升活动成本这一供应链成本分担机制。这是对于传统的供应链协同模式的延伸，可进一步加深对于双边信息不确定下供应链上下游企业合作模式和协同方式的理解。通过对不同决策顺序下成本共担模型进行比较分析，表明成本共担只在一定条件下能够提升制造商收益和优化供应链效率，否则会对制造商以及供应链带来损失。同时，也表明引入成本共担机制与不引入成本共担状态下，制造商和零售商对于决策顺序的偏好将有所区别。

1.4 文献综述

1.4.1 制造商和零售商交互行为

1. 制造商质量提升和零售商销售努力

（1）制造商质量提升。供应链质量管理是保证整个供应链稳定和高效运行的关键因素。如果没有对供应链进行有效的质量管理，将严重损害供应链成员间的关系和利益，降低供应链的效率。因此，供应链质量管理的研究对提升供应链企业运作水平，实现供应链整体效益的最大化有重要意义。在质量管理重要性逐步提升的趋势下，已有一些学者针对质量管理问题展开研究。Wei（2001）研究了单制造商和单供应商组成的供应链中质量信息不对称下的契约设计问题，考虑价格折扣和价格担保两类合同对企业双方决策的影响。Radhakrishnan（2005）探讨了产品质量由供应商和购买商共同决定时单一道德风险和双边道德风险下质量担保的效用。Hsieh（2010）研究了单供应商和单制造商组成的系列供应链中存在不完善的生产和检验流程，探讨了四种不同信息披露程度的非合作博弈中供应商和制造商的质量投资和检验策略。陈敬贤（2011）构建了以制造商为主的供应链质量惩罚模型，提出四种惩罚策略，通过供应商和制造商斯坦伯格博弈模型比较不同策略的优劣。

此外，部分学者开展了质量提升对供应链效率的研究。Banker等（1998）研究了制造商均衡产品质量与市场竞争激烈程度的关系，说明了产品质量提升水平与对市场竞争程度的认知相关，且随着成本的价值参数和产业需求结构变化。Singer等（2003）研究了基于产品质量决策对市场需求和成本投入的影响，探讨了制造商和零售商努力参数对质量水平的影响。De Giovanni（2011）探讨了制造商在质量提升上加大投入或分担零售商广告成本两个决策的选择模型，得到了只有当广告投入能给产品商誉带来重要提升时，制造商才会做出分担零售商广告成本决策选择的结论。Matsubayashi（2007）研究了质量和价格对于消费者福利的影响，以及质量和价格竞争状态下差异化竞争模式和纵向一体化竞争模式的选择，得到结论：差异化竞争策略不仅能增加企业利益，也能增强质量敏感型市场的消费者福利；而在一些特定条件下，除了与竞争对手的产品进行组合购买的垄断纵向整合，其他纵向一体化整合策略对整合企业和消费者都是有利的。Lee等（2013）研究了协同供应链框架下质量不确定问题，证明了回收和利益共享合约对供应链协同无效，而质量补偿合约能有效整合供应链。Xie等（2011）研究了双集中型、双分散型和单集中单分散型供应链，探讨了三种不同供应链结构下的质量提升策略。Chen等（2015）突出了合作型质量提升的重要性，研究了由单个制造商和两个竞争性原始设备制造商（OEM）组合的质量提升投入成本分担契约，建立了三阶动态博弈理论框架，得到制造商将承担绝大部分质量提升方面的投资费用，且不论谁设定质量提升水平，供应链均将在两个OEM方合作时受益。熊中楷等（2007）采用三结算动态博弈模型，研究了单个制造商和单个零售商的分散型供应链，制造商通过质量处罚比例和质量抽检比率设定，引导零售商协助质量控制。鲁其辉和朱道立（2010）分析了包含单个供应商和单个制造商的供应链中产品质量和市场需求的质量改进的战略联盟设计。

（2）零售商销售努力。在零售环境中，需求受市场决策，如价格、销售人员的努力、广告活动和竞争等因素的影响不确定性加剧。销售努力对销售人员的激励以及短期效果的促销等，是影响需求不确定的重要因素之一。Balcer（1983）研究了联合库存和广告投放策略问题，Porteus和Whang（1991）和Chen（2000）研究了销售努力赔偿的激励机制对制造商决策的影响。Ernst和Kouveils（1999）研究了报童模型中商品捆绑和库存控制的联合决策。Zhang等（2008）讨论了库存和价格促销的联合优化策略。Wei和Chen（2011）研究了补货和销售努力同时决策的状态下，补货订单和销售努力决策之间的影响，指出运营和市场联合决策对于鲁棒供应链至关重要。Dan等（2012）研究了集中型和分散型双渠道供应链下零售商服务和价格的最优决策，评价了零售商服务和客户对零售渠道忠诚度对制造商和零售商决策的影响，结果表明，零售服务深刻影响着制造商和零售商的价格策略。Li和Liu（2016）分析比较了协同型供应链中成本共担、批发价和双边关税三种合约下基于需求的价格和销售努力策略，肯定了双边关税合约在协同供应链上的有效性。Yan 和 Zaric（2016）研究了单个零售商和单个制造商组成的二级供应链在销售努力条件下的供应链协同合约问题，首次提出了所有以销售努力为模型的供应链协同合约。胡本勇和王性玉（2010）探讨了在需求随机、努力水平影响需求的供应链环境中的供应链收益分享给演化契约问题，分析了销售商的努力因素对收益共享契约的影响。

（3）制造商质量提升和零售商销售努力交互。Gurnani 和 Xu（2006）研究了制造商和零售商之间的纵向价格竞争和销售努力竞争。Yu 和 Ma（2013）研究了两个供应商之间价格和质量投资的决策顺序，并找出了影响供应商收益的成本结构。Wang 等（2013）比较了四种不同情景下销售努力投入时间，得到了主导型零售商倾向于事后努力决策的结论。Pal 等（2015）研究了 6 种不同决策顺序契约结构下的供应链绩效，发现担保政策能有效促进企业行使更多的努力。张廷龙和梁樑（2012）研究了供应商-零售商两级供应链下，不同渠道信息结构和权力结构下供应链的分散决策均衡。与上述论文不一致的是，本书将质量提升和销售努力决策结合在一个离散型供应链中，建立了一个合理的质量和销售努力影响市场需求的函数。

Ma 等（2013a）主要讨论了分别由制造商和零售商主导的集中、离散等三种供应链契约下质量努力和销售努力的决策。考虑供应链成员独立投资决策问题，存在许多研究协同合约的文章（Taylor，2002；Hsiao 和 Chen，2012；Liu 等，2015；Xie 和 Wei，2009）。在内生的质量提升和销售努力情况下，Ma 等（2013b）提出了 CS-QM 合约，由制造商共同承担销售努力成本，零售商共同承担质量提升成本。研究表明，相比传统的两部定价契约，这种合约将实现更高的供应链绩效。石岿然、盛昭瀚（2014）通过构建博弈契约，考虑零售商通过努力水平改变市场需求，制造商分摊销售努力成本的情形，结果表明，在不考虑质量投资成本的情境下，制造商的质量投资能够达到帕累托最优。李丽君等（2005）采用委托代理理论探讨了双边道德风险条件下的质量控制策略。尽管如此，与上述论文全部采用固定式质量设置最大的不同点是，本书确定的质量提升过程是不可靠的。这就引出了两类可能的零售商承诺时间的决策问题，决策时间直接决定了制造商和零售商的质量风险分配情况。

2. 决策顺序研究

制造商和零售商投资决策的时间问题也被关注和研究（Wei 和 Chen，2011；Dan 等，2012；Li 和 Liu，2015；Yan 和 Zaric，2016）。Gurnani 等（2007）研究了分散型供应链中价格和投资的决策顺序问题，证明了3种不同的决策结构，从制造商和零售商观点出发讨论最优决策。Wei 和 Chen（2011）研究了库存补充和销售努力联合决策问题，研究联合决策最优条件对鲁棒供应链的改进作用。Swami 和 Shah（2013）研究了绿色供应链协同中，制造商和零售商关于“绿化”运作努力程度的决策顺序问题。Yu 和 Ma（2013）探讨了需求不确定性两级装配系统中决策顺序的影响，研究了供应商对零部件批发价、质量投资和零部件质量投资的决策顺序对供应链效率的影响。Ma 等（2016）研究了一个制造商、一个零售商和两个回收商组成的三阶闭环供应系统中，比较不同组合的合作策略研究供应链的最佳决策和利润模型。Ma 等（2013）探讨了制造商和零售商组成的两阶段供应链渠道的协调问题，研究了制造商和零售商努力合约，在不同顺序决策水平下的最佳质量改进努力和最优供应链利润。Guan 和 Chen（2016）研究了在双头垄断和竞争环境下时间决策对卖方信息获取策略的影响，得到垄断情况下事前信息获取总是有利，竞争环境下事前和事后信息获取需要灵活选择。Chen（2016）研究了双渠道供应链中价格和质量的顺序决策问题，证明了引入新渠道可以实现质量的提高和供应链性能的改善。

1.4.2　零售商信息获取和分享

1. 零售商信息获取

供应链实践运营中，零售商除了扮演销售者角色外，也承担着为制造商产品研发和运营计划收集有效市场信息的职责。零售商信息的获取和分享在供应链优化中发挥着重要作用。

Li 等（1987）研究了寡头垄断行业古诺模型，指出由于需求不确定因素的影响，企业在生产前可以通过研究获取市场需求信息。Vives 等（1988）假设零售商主动采取信息获取能更好地观察市场需求并分享给零售商。此外，信息获取的主要作用就是改进企业对需求条件的价格反应能力。这种信息获取的效率已经被广泛认可。Chu 和 Messinger（1998）以购买点扫描系统获取市场信息技术为例，探讨了该技术下对制造商和零售商改善的需求信息带来总渠道的绝对利润，也让知情的渠道成员获得更大的渠道利润分配。Lee 等（2000）利用分析模型，针对具有不稳定需求的两级供应链问题进行研究，结果表明，需求信息共享价值相当高，尤其当需求随时间显著相关时。Shi 等（2013）则站在消费者的角度，探讨了消费者在网上购物时的主动信息获取策略。国内学者也针对信息获取进行了一些研究。张翠华和鲁丽丽（2009）研究了当买方可以通过质量检验的方式了解供应商产品质量下的供应链质量协同问题；而吴蓉等（2007）则采用实证研究的方式验证了不同的信息获取方式对于消费者购买行为的影响。胡亚蓉等（2008）将信息获取模式分为生产商独立获取信息、销售商收集信息并传递给生产商和第三方服务提供者收集信息。在此基础上，构建了两阶段供应链成本-收益模型。

除此之外，最近一些研究寻求找出信息获取不同的战略影响。例如，Guo（2009）研究了信息获取具备的两类影响作用：对不确定环境下零售商价格决策的有效影响和对零售商主动披露私有信息引导上游制造商批发价定价行为的影响。Guo 和 Iyer（2010）研究了一种顺序获取情境，认为如果制造商能够持续获取市场信息并披露信息给下游零售商，即使没有获取成本，他也将选择放弃信息获取。Guan 和 Chen（2017）揭露了信息获取对于零售商质量推测过程的影响，证明了制造商有时会放弃进行信息获取来隐藏零售商的质量提升。与上述论文不同的是，本书研究了零售商信息获取和制造商质量提升决策的一种新的交互作用。这种交互作用能通过信息获取的时机极大地影响制造商的质量提升决策以及投资水平。

2. 供应链优化领域中零售商信息分享

Rached 等（2013）通过实证研究了分散决策下供应商、零售商、仓库以及客户组成的供应链信息分享的影响，并发现同时分享不同的信息时，收益不是累积的。Mehmet（2014）考虑了购买者向上游两个供应商分享需求预测信息对其竞争的影响，以及预测信息分享的真实性的影响。信息分享中，总是会设计复杂的合同来实现信息交流的准确性，而简单的合同机制也能达到同样的效果。Chu（2016）研究了在简单二级供应链下零售商利用非正式谈判分享其私有的需求信息问题，并且发现，结合批发价合同、定价策略以及能力供应决策，零售商能够通过谈判来真实分享其信息。不同于 Chu 的研究，Ganesh 等（2013）用一个综合供应链来分析信息共享的价值，该供应链有多个层次，可能有不同程度的信息共享，并且提供多个可能具有不同可替代等级的产品，这些产品之间的替代降低了供应中所有企业信息共享的价值。Spiliotopoulou 等（2016）研究了信息分享中的信息扭曲动机。Li 等（2014）研究了存在 MTS 供应商的供应链中信息分享问题，与之前面对 MTS 供应商，零售商完全不分享信息结论不同，研究发现，当需求不确定性适中时，零售商有动机去分享需求信息。Özer（2015）研究了信息分享、咨询和授权三种方式对于顾客提高企业信任度的影响。Huo 等（2013）通过实证分析，利用中国 617 个公司的数据分析了在竞争环境下供应链信息分享和绩效的关系。周茂森、但斌和于辉（2017）研究了集团采购中信息共享的激励问题。研究发现，批发价格契约和收益共享契约将带来完全不同的结果，制造商只有在收益共享契约下才愿意实行信息共享，而进一步消除制造商间的信息不对称，可使系统达到最优。随着环保要求的提高，Lai 等（2015）通过实证分析，研究了供应链中环境信息分享的价值。很多文献都考虑的垂直供应链的信息分享，以下几篇文章则从供应链竞争的情况下考虑信息分享问题：Albert 和 Tong（2006）考虑了两条供应链之间的竞争，两条供应链仅仅在信息分享的投入成本上有差异；Ozer 和 Raz（2011）考察了单一供应链中大供应商和小供应商之间的竞争问题，研究了大供应商的信息策略、小供应商的生产成本对决策和利润的作用，并且量化了大供应商的信息分享价值以及信息分享的成本；Cao（2013）考虑双渠道下成本信息不对称的情况，得到了供应商和零售商之间的信息分享会导致供应商利润上升的结论；Gardete（2014）专注于 DRAM 市场，考虑在竞争性环境下的信息分享问题；陈剑和徐鸿雁（2009）比较分析了制造商对零售商实行销售激励和信息获取情境下信息对称和信息不对称两种，探讨了激励合同和信息获取对制造商决策和销售商行为的影响。

1.4.3 供应链协同

1. 概念的提出

Rothwell（1992）提出了供应链管理需要进行多个要素的高度整合，而这种整合过程就是供应链协同。Anderson 和 Lee（1999）指出，企业进行供应链管理的重要内容是实现供应链协同，协同供应链是新一代的供应链战略。Ito 和 Salleh（2000）基于市场竞争中的困难，研究供应链协同需要具备的条件。Mentzer（2001）认为，供应链协同能深化企业间的合作，探讨了其风险、收益、信息和知识的特征。Letson（2002）提出，在协同运作中，供应链中供应商、制造商、分销商和客户通过共同组织或契约设计进行联合，在承诺、互信和弹性协议基础上，实现信息分享和有效协作。Simatupang（2002）指出，供应链协同是以供应链整体效率为目标，将供应链企业成员间资金、行动、信息、决策、知识、目的等个目标进行整合和协调。Mcivor 等（2003）对协同理论展开研究，认为供应链管理的关键为供应链协同。Manthou（2004）供应链协同是指供应链成员围绕供应链整体效率提升的共同目标展开的相互协调和努力工作。Barratt（2004）阐述了供应链协同的文化特征和战略特征要素。上述关于供应链协同的概念说法不一，但本质却相似，都是将供应链看作一个整体，突出供应链企业间的组织协作、资源整合和信息共享，从而实现供应链整体效益最大化的共同目标。

此外，也有学者对供应链协同展开研究，从不同层面考虑供应链协同的内涵。Bhatnagar 等（1993）研究了垂直整合企业中，多个工厂之间的生产计划协调问题，认为供应链协调包括一般协调和多工厂协调。薛岭（1998）将供应链协调划分为信息协调和非信息协调，其中，信息协调包括供应链内部与外部信息的综合指导，非信息协调是指信息协调以外的包括供应、生产、零售等物流条件。Solis（2001）把供应链协调分为企业间协调、功能内协调和功能间协调。在此基础上，庄品（2004）将供应链协调机制分为宏观和微观两个层次，其中，宏观层次是指供应链这种供应商、制造商、零售商之间的物流、资金流和信息流的协调，微观层次是指供应链企业内部各部门之间产品开发、原材料采购、生产、仓储、销售等各项活动的协调。

2. 供应链协同的内容

供应链协同管理内容包括多种形式，下面对主要供应链协同内容的发展展开综述。

需求协同主要研究上、下游节点企业的需求信息共享问题。Lee等（1997b）阐述了从供应链一端到另一端的扭曲信息可能导致巨大的损失，并运用数学模型证明了牛鞭效应的存在。Metters（1997）考虑具有随机季节性需求的生产/库存问题，分析了生产、库存和缺货的线性和固定成本。Cachon和Lariviere（1999）考虑了由单供应商和多零售商组成的供应链，供应商通过不同的分配机制控制零售商超额订购行为以及自身产能水平。在同样的市场结构下，Li（1999）反向研究了当零售商存在伯纳德竞争的情况下，供应商主动分享其私有的市场信息所可能带来的两种不同效应。Li等（2001）研究了信息不对称情况下，供应商和零售商之间远期承诺和期权合同对于消除信息不对称的作用，指出买者和卖者都能够从分享信息中获得更多利润。Wang等（2008）研究了制造商占主导地位时，零售商的信息共享策略。王新辉等（2012）探讨了双边不对称信息模型下，由拥有私有信息的单制造商和单零售商所构成的供应链的效率和利润分配问题。在信息不确定环境下，制造商和零售商需求协同问题正是本书研究的重点。

库存协同作为供应链协同研究的重点内容之一主要研究需求和库存信息共享问题。Goyal（1988，1995）和Hill（1997）等研究了单一供应商和单一零售商组成的两级供应链的库存协同策略。Bookbinder和Cakanyildirim（1999）比较了（Q，r）库存系统中的随机提前期和加速订货对供应链成本的影响。以沃尔玛为首的5家国际零售巨头联合研究提出的协同计划、预测与补给（CPFR）是实现库存协同的管理技术。但斌和张旭梅（2000）指出，供应链运行中，应采取信息技术手段整合企业之间、企业与客户之间的信息资源、商品资源和物流资源，通过管理手段和信息共享进行提升信息预测的准确程度，降低库存水平和提高供应链效率。Fu和Piplani（2004）从供应方协同角度，建立了基于库存的评估供应方协同的模型，研究发现，供应方协同可以提升整个供应链的绩效。国内学者李翀等（2013）通过引入时滞影响因素这一概念，在供应链环境下利用网络库存系统的波动状态描述了牛鞭效应；而崔崟等（2013）则将行为运作管理与库存管理理论相结合，提出了有关牛鞭效应研究的一些新思路。

物流协同作为供应链协同的重要内容之一，主要研究物料转移和及时供货等问题（Blocher 等，2008）。Ellinger（2000）对可能积极影响协同物流整合的企业内部行为进行梳理，探讨了组织评估和奖励系统、配送服务绩效、跨功能协同等企业行为对物流协同的影响状况。Hu 等（2007）研究了双地点生产和库存模型下允许异地调拨，每个地点的生产决策受制于产能，重点研究转运价格策略对库存和转运策略的影响，最后研究了需求和容量对协调转运规模的影响。慕银平和唐小我（2008）研究了中间产品流转中库存管理成本问题，得到企业集团专业定价策略受最终产品市场竞争强度影响的结论。桂华明、马士华（2008）研究了运输成本对批量敏感供应链策略的影响，得到由不同主体运输时，单位运输成本对批量的敏感程度和生产商的最佳批量策略。Johnson（2002）指出，随着部分行业竞争白热化，产品复杂化，更新换代周期缩短、成本压力增大等，行业企业之间需要通过信息集成和协作发展供应链伙伴关系改进供应链的运作效率，重点研究了供应链中参与者如何通过以 Web 为中心的产品协作来重新创建他们的业务。

3. 供应链协同契约设计

1）供应链契约设计发展研究

供应链契约是指供应链成员间通过合适的信息和激励手段，实行风险共担和利润共享，使生产、运作、信息和资金有效协调，供应链成本降低，供应链效率得到提升（Alvi，1997）。供应链契约是供应链协调研究的重要问题。分散型供应链开始关注企业独立投资活动情形下，如何设计协作合约来获取较高的供应链绩效（Taylor，2002；Hsiao 和 Chen，2012；Liu 等，2015；Xie 和 Wei，2009；Ma 等，2013b）。Taylor（2002）和 Krishnan 等（2004）研究了在订货与销售努力统一决策下供应链协同契约的作用，Taylor 研究表明，销售回扣合同能对供应链起到协调作用；而 Krishnan 则认为，对于零售商进行销售努力的供应链来说，单一的销售回扣合同起不到协调作用，销售回扣和销售努力成本共担的复合合同能起到协调作用。Splengler（1950）研究了两阶段供应链中的批发价合同中不同成员加价行为带来的“双重边际性”问题。Jeuland 等（1983）研究了单制造商和单零售商组成的简单供应链，价格折扣合同可以纠正批发价格合同产生的“双重边际性”达到系统最优。Su 等（2008）通过研究表明，顾客战略行为条件下批发价合同不会带来双重边际问题，对供应链协调有效。Pasternack（1985）研究了报童模型框架下的供应链协调机制，研究表明，需求不确定状态下回购合同可以实现供应链的有效协调。Tsay（1999）研究了灵活数量合同协调供应链的相关条件。Cachon（2003）对供应链协同进行了全面的综述，研究了供应链协调中收入共享合约的优劣。上述研究都是基于单制造商和单零售商组成的供应链，研究文献中也有考虑制造商和多零售商的供应链契约设计问题。Chen 等（2001）发现，数量价格折扣合同及固定支付费用对单供应商与多零售商构成的非竞争性供应链有效；而 Bernstein 等（2005）则证明了在多零售商存在竞争状态时数量数量价格折扣合同和固定价格回购合同具有协调效用。陈祥锋（2001）研究了在集成化供应链环境中，通过委托代理理论、博弈理论及二层决策方法的有机结合，可以得到使供应链利润达到最大化的最优合同担保决策。

也有一些学者提出了不同于标准回购或利润分享的契约机制来协调供应链。Guan Xianghua 等（2005）研究了在一个风险中性和一个下行风险规避零售商组成的供应链中，引入风险分担契约来协调供应链。索寒生（2004）研究了无条件限制的利益分担契约和有条件限制的数量折扣契约共同作用对风险规避型零售商的供需协调影响。Debo 和 Sun（2004）研究了供应商和研发者协调机制，可以采用单价和订购数量的非正式协议，来优化每一阶段的利润。Tunca 和 Zenions（2006）建立了关系契约和供应商拍卖模型，研究了关系契约对经济和社会的影响。Wei Ying 和 Choi（2010）设计了批发定价和利润分享计划来协调均值——方差风险测度下的供应链。王芹鹏等（2014）在假定消费者对低碳产品存在偏好并且企业自愿减排的情形下，设计了收益共享契约来协调供应链成员之间的关系，并实现了利润的帕累托改进。Chiu 等（2011）研究了由单制造商和单零售商组成的供应链，零售商属于风险规避类型，研究提出了 TSR（Target Sale Rebate）契约协调供应链。

2）成本分担机制研究

制造商和零售商交互影响中，部分文献关注成本共担机制的引入对供应链优化改进的价值。共同成本分担作为一种有效的利益协调方式，在供应链管理中得到广泛利用。供应链合作伙伴间引入成本分担机制不仅能缓解投资方的成本压力，降低投资风险，更能有效促进对方进行研发活动投资的积极性。Banerjee 和 Lin（2001）首次构建了成本分担模型，在一个上、下游双层市场结构中将供应链的利润占比作为企业间成本分担比率，研究供应链的收益变化。牛海鹏和艾凤义（2001），艾凤义和侯光明（2004）以及王秋菲和李凯（2007）等学者在 Banerjee 和 Lin（2001）模型基础上进行补充，探讨了供应链中上、下游间收益分配模式和成本分担机制。曹柬、周根贵（2005）考虑到产品质量失误所造成了质量内部和外部损失，探讨了实现供应链利润最大化的两种不同承担方式下内、外部分配比例的均衡决策。周明、张异等（2006）研究了供应链管理过程中合同设计问题，分析了行动中隐藏的道德风险以及合同参数对供应链企业行为的激励作用。黄波等（2008）在研究供应链合作研发及投资策略基础上，提出了两种成本分担机制对供应链利润和消费者剩余的影响。熊中楷、刘芳兵（2009）研究了标准二级供应链中，不对称信息所导致的质量风险和提高质量水平如何设计供应链质量成本分担合同策略。

黄敏镁（2010）研究了供应商和制造商间协同产品研发的合作机制，得到合理的成本分担机制能帮助供应链企业实现共赢的结论。Chao 等（2009）研究了产品召回成本分担问题，研究表明，供应商建立菜单契约能大幅降低制造商由于信息不对称带来的成本，同时提升产品质量。Kunter（2012）研究了零售商分担制造商的营销努力成本契约，由零售商通过支付提成费方式进行分担，得到只有当零售商营销努力成本的分担比率超过 50%时才能实现供应链协同。Tsao 等（2012）研究表明，在制造商分担零售商促销成本供应链中，只有当成本分担比率在合理范围内时，能提升供应链效益。此外，一些学者开始关注成本分担激励机制能最大化自身收益的同时，使供应商接受。Weitzman（1980）和李菊芳等（2000）研究了激励合同对供应商研制成本的影响，得到研制成本最优分担比率受供应商风险厌恶程度和成本控制能力的影响，而在线支付激励契约供应商的研发成本下降比率随着成本分担比率而递增。刘学勇、熊中楷、熊榆（2012）研究了产品召回中的成本分担和质量激励问题，产品质量由供应商和制造商联合决定，通过构建成本分担模型证明了成本分担合同对提升企业双方质量努力水平、质量水平以及供应链整体利润的积极影响作用。

综上所述，成本分担机制能有效改善供应链溢出效应，对制造商和零售商之间协同以及供应链整体协同起正向促进作用。本书考虑的是单制造商和单零售商组成的供应链中，零售商销售努力成本和信息获取成本由制造商分担，引入不同顺序决策，利用斯坦伯格博弈研究成本分担比率对不同时机进行销售努力和信息获取的供应链效率的影响。

1.4.4　文献评述

通过对相关文献的分析，可以看到，国内外对制造商和零售商交互领域已进行了较为深入的研究，提出了很多新理论和新方法。但是随着企业实践的发展，也出现了一些新的现实问题尚未得到解决，而这些不足之处也是本书的研究所需力求克服的。

(1) 在有关质量提升和销售努力方面，现有文献更多是基于供应信息确定的情境下，探讨制造商和零售商联合运营决策对企业收益的影响，而较少关注更为复杂的供应信息不确定的情境。与之不同，本书将重点研究供应信息不确定情境下基于供应商质量提升和零售商销售努力联合决策，在此基础上，进一步探讨决策顺序对企业决策和收益的影响。

(2) 在有关市场信息获取和分享方面，现有文献更多关注供应链优化中信息获取和分享对传统产品定价和订货量的影响，较少研究其对企业其他战略行为的影响。与之不同，本书聚焦制造商和零售商如何采取质量提升和信息获取合作策略来提升供应链整体的信息透明度和协同运作水平。在此基础上，探讨相互承诺和决策顺序对企业决策的影响机制，比较分析企业及供应链的最优均衡决策。这种需求不确定情境下供应商和零售商的交互作用机理较少在传统研究中有所探讨。

(3) 在有关成本分担契约设计和决策顺序方面，现有许多文献集中在成本分担机制引入后对供应链的优化，如产品研发和投资决策、制造商和零售商努力等成本分担问题，将成本分担机制单独进行研究。与之不同，本书是在制造商和零售商交互领域的不同决策顺序上引入成本分担问题，以探讨其对不同决策顺序下供应链的优化改进情况。

综上所述，本书将主要依靠数学模型建立，系统性地剖析需求不确定环境下制造商和零售商交互领域各个参与者的决策特点，重点研究制造商和零售商交互影响下不同决策顺序策略。通过逆向归纳法，讨论企业双方不同决策顺序对供应链整体绩效和双方企业利润的影响，从而得到系统绩效优化的运作策略。在此基础上，引入决策顺序下的成本共担合作机制，实行供应链契约设计，探讨其对不同决策顺序下供应链绩效的优化效应，得到最优的成本共担决策。

第 2 章　供应信息不确定下制造商质量提升和零售商销售努力联动决策研究

制造商通过投资新技术提升产品质量，零售商通过投入销售力量，以提升销售努力水平。上述两类活动虽然都能有效增加市场需求，但质量提升对市场需求的影响效果并不确定，受到一些随机因素影响。本章研究了在分散型供应链中，零售商销售努力的承诺时间对供应链投资、价格均衡决策的影响。根据零售商对销售努力的承诺，在制造商实现产品质量提升之前或之后，考虑两种策略：事前承诺策略和事后承诺策略。

结果表明，在事后承诺策略下，制造商和零售商的投资水平要高于事前承诺策略下水平，使零售商和整个供应链实现更高收益。而对制造商而言，虽然当质量波动性小时，偏好事前承诺策略，但当质量提升的随机程度足够高时，制造商偏好事后承诺策略，愿意独立承担整个质量风险。

2.1　问题的产生背景

在供应链中，制造商委托销售责任给一个零售商，企业双方通过努力来改进供应链效率。一方面，制造商通过投资新技术或增强产品控制提升产品质量，获取更多的消费者；另一方面，零售商通过投入更多销售力量或设计更为精准的市场活动来刺激消费。上述活动被视为两类重要的市场需求提升战略：制造商的质量提升和零售商的销售努力。这两种战略已经被广泛运用到实践中，同时也被不同的学者加以研究（Gurnani 等，2007；Gurnani 和 Erkoc，2008；孟庆峰和盛昭瀚，2014）。虽然制造商能确定质量提升的目标水平，但是由于受到很多随机因素影响，质量提升过程所带来的结果并不确定。例如，2014 年，电影产业翘楚万达影视传媒在其投资的电影《寻龙诀》正式发布日前一年宣布了该部电影放映时间、放映场次在内的放映信息。这意味着，该片所属的电影公司将会大量投资新技术或打造明星云集的演员阵容来改进影片质量。虽然上述行为并不能确保该电影的质量水平，因为电影质量不可避免会受到导演的个人风格、消费者的偏好等随机因素影响。这种不确定现象在新产品开发进程中十分普遍，尤其存在于短周期和消费者对质量不确定的产品类别中，例如快消品、手机、时尚用品和电子产品（Guo，2009；Guan 和 Chen，2016）。在所有的产品分类中，质量提升受到消费者偏好的影响表现为控制难、波动大的特点。

考虑到质量提升的潜在风险，本章研究了零售商实行销售努力承诺的时间。比较明显的是，零售商实行销售承诺的时间决定了零售商和制造商之间质量投资风险的配置，从而最终对均衡战略和收益产生影响。例如，零售商偏好先掌握制造商的质量水平再决定产品销售的努力程度。这种模式下，零售商将不会承担任何质量提升过程中所产生的风险。同样的道理，制造商偏好先获取销售努力承诺再决策质量提升水平，因为这样能使制造商将质量风险部分转移给零售商。这种模式下，即使真实质量水平很低，制造商也能获取相对较高的销售努力水平来挖掘更多的市场剩余利润。

上述决策顺序在企业实践中的应用较为普遍。例如，唯品会作为国内一家主流的网购企业和时尚品在线购物平台，以相对低廉的价格转卖成千上万高档和中档品牌的产品给消费者。根据调查，2016 年，唯品会的市场价值达到 600 亿元人民币。受消费者对时尚产品偏好瞬息万变的市场特征影响，唯品会对其在线销售的每个产品的收益实行动态监控，并根据收益情况给不同品牌分配它的销售资源。这些销售资源包括销售页面推送、个性化的财务选择和强大的售后服务支持。唯品会给予那些收益情况较好的品牌更多的销售资源。尽管如此，这种策略对于某些处于统治地位的品牌并不适用，比如 Gucci 和 Prada。对于这类品牌，不论实际销售收益情况如何，唯品会需要提前承诺销售努力水平。

根据上述讨论，本章将考虑两类基于零售商销售努力水平承诺的典型决策顺序策略：第一，事前承诺策略——零售商在制造商决定质量提升水平之前提前承诺销售努力水平；第二，事后承诺策略——零售商在掌握制造商真实质量水平之后决定销售努力水平。

本章主要研究以下问题：一是在不同策略下，制造商和零售商如何选择质量提升水平和销售努力水平；二是零售商销售努力水平的承诺时间对制造商、零售商以及整条供应链收益水平产生的影响；三是在两种不同模式下，质量变动、质量提升的成本以及销售努力的成本如何影响企业的均衡战略和收益。

为了解决上述问题，本章建立了一个标准的二级供应链。在这个供应链中，制造商销售他的产品给一个零售商，零售商将这些产品分销给最终消费者。制造商制定批发价格，零售商制定零售价格。在做出价格决策之前，制造商和零售商各自付出成本行使努力来提升质量和销售水平，从而增加潜在市场需求。假设产品质量最初不确定，通过质量提升达到准确质量水平是随机的。在这种情境下，供应链中基于零售商进行销售努力承诺在制造商制定真实质量水平前后产生了两类时间决策模式——事前承诺模式和事后承诺模式。

本章研究证明了制造商和零售商之间的战略交互作用。首先，相比事前承诺策略，事后承诺策略下，制造商和零售商都将投入更多资源。直觉看来，事前承诺策略均衡状态下零售商只会对销售努力承诺较低的投资水平，以避免真实质量水平较低的负面结果。同样的道理，零售商承诺的较低投资水平将会降低制造商提升产品质量的意愿。因此，在事前承诺模式下，两个企业都会实行保守投资。相反，在事后承诺策略下，零售商完全基于真实的质量水平做出销售努力承诺。制造商则别无选择，只能通过投入更多资源提升质量来激励零售商在销售努力方面投入更多。即使这样，制造商将由于质量提升的不确定性而承担更多风险。因此，在事后承诺模式下，企业双方在投入方面会变得更为主动。

其次，本章研究表明，零售商的收益在事后承诺策略下总是较高。而出乎意料的是，仅仅当质量波动性相对较低时，制造商的收益在事前承诺策略下较高。换句话说，当质量波动性较高时，相比将风险转移给零售商而言，制造商更愿意承担质量不确定所带来的风险。事前承诺模式虽然使制造商不用承担质量水平较低时的全部损失，但也缺乏对零售商投资销售努力的激励。当质量波动性很大时，这反而会使制造商利益受到更大伤害。

再次，本章在事前承诺基础上延伸了其他决策顺序。这些决策顺序在之前的研究论文中曾被讨论过（例如 Guarnani 等，2007）。通过决策顺序的延伸，得到了企业在决策过程中偏好延迟决策时间来得到后动优势。

2.2 模型构建

制造商通过零售商销售商品给消费者。制造商以单位价格 w 向零售商收取批发价，零售商以单位零售价格 p 销售给终端客户。市场需求是与产品质量和销售努力相关联的函数：

$$D=(e_s q)^{\gamma}-p \tag{2-1}$$

其中，q 是制造商负责提升的产品质量水平，e_s 是由零售商决定的销售努力水平。该函数清晰地表明，当销售努力程度或产品质量提升时，市场需求将会增加。本章采用了产品质量和销售努力的乘法形式突出两个变量市场需求的相互影响（Urban，1969；Pal 等，2015）。γ 是这种相互作用程度的影响因子，当 γ 增加时，产品质量和销售努力对市场需求的整体影响程度越高。为了方便论述，在本章中，我们设定 $\gamma=1/2$，这种设定方便在其他条件中应用（考虑公式（2-2）中质量提升和销售努力的成本，$\gamma=1/2$ 有利于计算期望收益和标准方差的结果）。

初始质量水平 q_0 可见且不变，制造商通过提升产品质量将初始质量 q_0 提升至 q，质量水平的增量 ε_q，由此产生了一个成本为 $C_m(e_q)$ 的下凸函数。但质量提升效果不确定，受很多随机因素影响（例如技术失败、消费者偏好的变化等）。因此，本章假设 ε_q 是一个均值为 $e_q\mu$ 和标准差为 $(1+e_q)\sigma$ 的随机变量（Guan 和 Chen，2017）。为代数简化，假定标准方差 $D(\varepsilon_q)=(1+e_q)\sigma$。

公式（2-2）描述了质量增加过程，可以看出，质量增加能使产品不确定性增大，但均值更优。

$$q=q_0+\varepsilon_q,\quad C_m(e_q)=k_m e_q^2/2 \tag{2-2}$$

其中，e_q 是质量提升的努力水平，k_m 代表制造商质量提升的努力成本。这个下凸成本函数被广泛应用于相关文献，如 Banker 等（1998），Gurnani 等（2007），Ma 等（2013b）。为了代数简单化，假设 $q_0=\mu$，e_s 是由零售商内生决定的销售努力水平，从而产生相应成本 $k_r e_s^2/2$。这种销售努力成本可被看作零售商投资广告、增加销售力量、为产品保留货架来增加销售收益。与制造商努力成本一致，k_r 代表零售商的成本系数。

本书根据零售商向制造商承诺销售努力水平 e_s 的时间研究了两种可替代的策略。一是事前承诺策略，其决策顺序如下：第一，零售商提前向制造商承诺一个销售努力水平；第二，制造商根据零售商承诺的销售努力水平确定质量提升水平；第三，产品真实质量确定后，制造商确定批发价；第四，零售商确定零售价。二是事后承诺策略，其决策顺序在前两个步骤与事前承诺策略不一致。本质区别在于零售商是在制造商实现质量提升后做出销售努力承诺。具体为：首先，制造商确定质量增加水平；其次，零售商在掌握产品真实的质量提升水平后确定销售努力水平。后续价格决策与事前承诺策略一致。而在事前策略中，零售商与制造商共同承担由于质量不确定性带来的风险。决策顺序如图 2-1 所示。

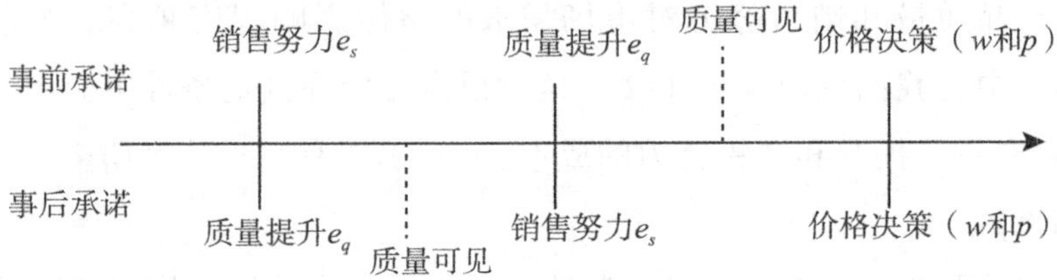

图 2-1　零售商销售努力事前承诺和事后承诺决策顺序

我们假设制造商和零售商都风险中立，并且试图实现预期收益最大化。假设产品的单位生产成本为 0，并且不存在其他影响市场需求的外界因素：市场需求由产品质量唯一决定。尽管如此，研究结论可以得到更为广泛的应用。包含市场需求、质量提升成本和销售努力在内的所有信息都能在供应链企业间共享。为了避免在质量或者销售努力方面的无限投资，本章要求 $k_m k_r \geqslant (\mu^2 + \sigma^2)/64$。因为该策略包含多轮战略交互作用，需要采用逆向归纳法。

本章调查了零售商最优销售努力水平和制造商质量提升水平。首先研究事前承诺策略，然后研究事后承诺策略。本章比较在这两种策略下企业和供应链的收益，从企业和供应链方面考察哪一种策略最优。本章使用上标“ea”和“ep”分别标识事前承诺策略和事后承诺策略。

2.3 事前与事后承诺策略

2.3.1 事前承诺策略

运用逆向归纳法，先找到企业的均衡价格决策。在事前承诺策略下，制造商和零售商的均衡价格都建立在真实质量水平和销售努力水平之上。因此，给定产品真实质量 q 和销售努力水平 e_s，制造商（π_m^{ea}）和零售商（π_r^{ea}）的期望收益如下：

$$\Pi_r^{ea} = (\sqrt{e_s q} - p)(p - w) - \frac{1}{2} k_r e_s^2 \tag{2-3}$$

$$\Pi_m^{ea} = (\sqrt{e_s q} - p) w - \frac{1}{2} k_m e_q^2 \tag{2-4}$$

通过标准化的推理步骤直接获取了均衡批发价和零售价：

$$w = \frac{\sqrt{e_s q}}{2}$$

$$p = (\sqrt{e_s q} + w)/2 = 3\sqrt{e_s q}/4$$

可见，在均衡状态下，两个价格随着产品质量和销售努力水平单调递增。因此，制造商和零售商期望收益为含有 q 和 e_s 的表达式，即

$$\Pi_m = \frac{e_s q}{8} - \frac{1}{2} k_m e_q^2 \tag{2-5}$$

$$\Pi_r = \frac{e_s q}{16} - \frac{1}{2} k_r e_s^2 \tag{2-6}$$

接下来，本章获得了企业关于质量和销售努力的决策均衡。在事前承诺策略下，零售商在掌握产品真实质量之前向制造商承诺销售努力水平。之后，制造商决定质量提升水平。基于上述企业均衡价格决策，得到企业的期望收益如下：

$$E\,\Pi_m^{ea} = E\left(\frac{e_s q}{8} - \frac{1}{2} k_m e_q^2\right) = \frac{e_s(1 + e_q)\mu}{8} - \frac{1}{2} k_m e_q^2 \tag{2-7}$$

$$E\,\Pi_r^{ea} = E\left(\frac{e_s q}{16} - \frac{1}{2} k_r e_s^2\right) = \frac{e_s(1 + e_q)\mu}{16} - \frac{1}{2} k_r e_s^2 \tag{2-8}$$

命题 2.1　事前承诺策略均衡状态下零售商承诺的最优销售努力水平为：

$$e_s^{ea} = \frac{4k_m\mu}{64k_m k_r - \mu^2}$$

制造商的最优质量提升水平为：

$$e_q^{ea} = \frac{\mu^2}{2(64k_m k_r - \mu^2)}$$

证明：使用逆向归纳法求均衡解。首先，由于制造商在零售商之后做出决策，由公式得到存在最优解方程满足：$\frac{\partial E\,\Pi_m^{ea}}{\partial e_q} = \frac{e_s\mu}{8} - k_m e^q = 0$，因此，制造商最优决策为：$e_q = \frac{e_s\mu}{8k_m}$，替代 e_q 至零售商的利润公式。存在 $E_q\,\Pi_r^{ea}(e_s) = \frac{e_s}{16}\left(1 + \frac{e_s\mu}{8k_m}\right)\mu - \frac{1}{2}k_r e_s^2$，得到最优解 $e_s^{ea} = \frac{4k_m\mu}{64k_m k_r - \mu^2}$。因此，制造商的最优决策为 $e_q^{ea} = \frac{\mu^2}{2(64k_m k_r - \mu^2)}$。

命题 2.1 表明企业的均衡质量提升水平或销售努力水平不仅随着自身努力成本递减，同时也随着上游或下游企业努力成本递减。这个结论突出了产品质量和销售努力的战略互动。例如，制造商在了解到零售商投入有限的销售努力水平后，理所当然不愿在产品质量上投入太多。同样的道理，当预测到制造商由于较高的努力成本系数 k_m 而降低改进产品质量的意愿，零售商也不会承诺一个较高的销售努力水平。在事前承诺策略下，企业和供应链的均衡收益：

$$\begin{cases} \Pi_m^{ea} = \dfrac{k_m\mu^2}{8(64k_m k_r - \mu^2)}\left(\dfrac{\mu^2}{64k_m k_r - \mu^2} + 4\right) \\ \Pi_r^{ea} = \dfrac{k_m\mu^2}{8(64k_m k_r - \mu^2)} \\ \Pi_S^{ea} = \dfrac{k_m\mu^2}{8(64k_m k_r - \mu^2)}\left(\dfrac{\mu^2}{64k_m k_r - \mu^2} + 5\right) \end{cases} \tag{2-9}$$

按照相似的原则，上述证明供应链中企业双方和整体供应链的利润随着期望的初始质量水平（μ）单调递增，随着努力成本单调递减。但利润与质量变动系数 σ 无关。在接下来章节中，将推导企业在事后承诺策略下的决策均衡，将得出截然不同的结论。

2.3.2 事后承诺策略

在事后承诺策略下，与上述策略不同的是，零售商在确认产品真实质量水平 q 之后再决定销售努力水平，而制造商不得不提前决策在质量提升上应该付出多少努力。价格决策顺序与事前承诺策略一致。因此，依据同样的原理产生均衡价格。在该策略下，企业双方期望利润公式仍然不变。

命题 2.2 在事后承诺策略下，均衡条件下制造商的质量提升水平为

$$e_q^{\mathrm{ep}} = \frac{\mu^2 + \sigma^2}{64 k_m k_r - (\mu^2 + \sigma^2)}$$

在掌握到真实质量水平 q 后，零售商事后销售努力承诺水平为

$$e_s^{\mathrm{ep}} = \frac{q}{16 k_r}$$

零售商期望销售努力承诺水平为

$$E e_s^{\mathrm{ep}} = \frac{4 k_m \mu}{64 k_m k_r - (\mu^2 + \sigma^2)}$$

证明：逆向考虑价格过程，零售商跟随制造商批发价决策 w 最大化利润 $\Pi_r^{\mathrm{ep}} = (\sqrt{e_s q} - p)(p - w) - \frac{1}{2} k_r e_s^2$。零售价 $p = \frac{\sqrt{e_s q} + w}{2}$。基于期望的零售价，制造商最大化利润为 $\Pi_m^{\mathrm{ep}} = (\sqrt{e_s q} - p) w - \frac{1}{2} k_m e_q^2 = \frac{(\sqrt{e_s q} - w) w}{2} - \frac{1}{2} k_m e_q^2$ 得到 $w = \frac{\sqrt{e_s q}}{2}$，$p = \frac{3\sqrt{e_s q}}{4}$。将其代入利润公式，在事后承诺模式下，$\frac{\partial \Pi_r^{\mathrm{ep}}}{\partial e_s} = \frac{q}{16} - k_r e_s = 0$。最优的销售努力水平为关于质量 q 的函数：$e_s = \frac{q}{16 k_r}$。替换上述表达式至制造商的利润公式 $E \Pi_m^{\mathrm{ep}} = E \frac{q^2}{128 k_r} - \frac{1}{2} k_m e_q^2$，得到最优质量提升水平：$e_q = \frac{\mu^2 + \sigma^2}{64 k_m k_r - (\mu^2 + \sigma^2)}$。逆向推导零售商的销售投资水平期望为：$E e_s = \frac{q}{16 k_r} =$

$\frac{1+e_q}{16k_r}\mu = \frac{4k_m\mu}{64k_mk_r-(\mu^2+\sigma^2)}$。

在事后承诺策略下，一个重要的区别就是均衡状态下质量增加水平和销售努力水平随质量变动系数 σ 单调递增，但在事前承诺策略下，却与 σ 无关。这是因为当零售商做事后决策时，其均衡销售努力水平取决于产品的真实质量，而真实质量受质量稳定性的影响。研究表明，事后承诺策略下制造商和零售商在投资上都变得更为积极：$e_q^{ep} > e_q^{ea}$，$e_s^{ep} > e_s^{ea}$。这个结论是受到决策时间的影响而得到的。当零售商做出事前承诺时，制造商和零售商双方都会承担质量不稳定带来的风险，因此他们的投资水平与最优投资水平相比会存在差异。在这种情况下，企业双方在质量和销售努力投资方面会更为保守。

相反，如果零售商做出事后销售承诺，通过延迟销售努力的决策时间来减轻由于质量不稳定带来的风险，就总能根据真实质量有节制地做出准确的销售努力决策。此外，这种事后承诺方式能够促使制造商加大投入，提升产品质量，因为品质提升的效果将随着零售商的销售努力进一步扩大。同样的道理，可以验证的是，当质量变动性 σ 增加时，企业事后与事前投资水平差额（$e_q^{ep}-e_q^{ea}$，$e_s^{ep}-e_s^{ea}$）变大。当质量变动 $\sigma=0$ 时，两种时间承诺策略下零售商均衡销售努力水平相同。然后，在事后承诺策略下，制造商承诺的质量提升水平要高于事前承诺策略。这种不平衡主要由决策顺序的改变产生。在事后承诺策略下，制造商必须先承诺一个较高的质量提升水平来促使零售商投入更多的销售努力。

接下来得到事后承诺策略下企业和供应链均衡收益：

$$E\Pi_m^{ea} = \frac{k_m(\mu^2+\sigma^2)}{2[64k_mk_r-(\mu^{2+}\sigma^2)]}$$

$$E\Pi_r^{ep} = \frac{8k_m^2k_r(\mu^2+\sigma^2)}{[64k_mk_r-(\mu^{2+}\sigma^2)]^2};$$

$$E\Pi_s^{ep} = \frac{k_m(\mu^2+\sigma^2)}{2[64k_mk_r-(\mu^{2+}\sigma^2)]^2}[80k_mk_r-(\mu^2+\sigma^2)]$$

在质量稳定性随着企业投资水平单调递增的条件下，本节得到结论：企业和供应链的收益随着产品的初始质量 μ 和标准差 σ 的增加而增加。接下来，本章从制造商和零售商观点来研究哪一种时间承诺策略更好。

2.3.3 事前与事后承诺策略利润比较

在不同承诺策略企业均衡战略基础上比较不同决策顺序下企业和供应链的利润。结论如下：

命题 2.3 企业内生决策质量提升水平和销售努力水平，均衡状态如下：

（1）当质量稳定性 $\sigma^2 \leqslant \dfrac{\mu^4(64k_m k_r - \mu^2)}{(128k_m k_r - \mu^2)^2}$ 时，制造商在事前承诺策略下的利润要高于事后承诺策略；否则事后承诺策略利润较高。

（2）事后承诺策略下的零售商利润总是高于事前承诺策略。

（3）供应链的整体收益在事后承诺策略下更优。

零售商偏好确认产品真实质量后实行销售努力的结论比较直观，因为零售商不愿意承担供应链中质量不确定所带来的风险。同样的道理，推理制造商应偏好事前承诺策略，借助零售商的提前承诺将质量不稳定带来的风险部分转移给零售商。但是，这一推论在假设中并不存在，因为制造商在一定条件下认为事后承诺比事前承诺更好。更重要的是，本章证明当质量不确定性增加时，延迟承诺的主导地位更强。也就是说，制造商独立承担高质量不稳定性带来的高风险时反而收益更大。

这种意想不到的结果是由延迟的销售努力承诺造成的两类冲突导致的。一方面，如果零售商做出事前承诺，担保的努力水平必然给予制造商在质量提升决策上更多的灵活性，为此，制造商不需要在质量提升上过度投资来刺激零售商付出更多的销售努力。另一方面，事前承诺也严重妨碍了零售商的销售努力。这种有限的销售努力随后减少了质量提升的边际利润，因此削弱了制造商的利润。此外，由于较高的质量不稳定性将进一步扩大提前承诺对制造商收益的负面影响，因此，一旦质量不稳定性增加，零售商延迟销售努力承诺变得更为重要。从制造商观点出发，事后承诺策略只在质量稳定性高于一定水平时才优于事前承诺策略。

与事前承诺相比，在事后承诺策略下，供应链会获得一个更高的整体收益。一般来说，在事后承诺策略下，制造商在质量提升上变得更为积极，从而导致了更高的销售努力水平。企业双方的共同努力推动了更高的市场需求，从而使供应链的整体获利。

接下来，我们通过一些案例说明上述结果。表 2-1 总结了两种策略下企业的收益。结果表明，相比提前承诺，零售商在事后承诺策略下总会获得较高的收益。制造商的利润被定义为 $G = \frac{f^2(0)}{2k_m} + f(0) - f(\sigma^2)$，这是关于质量稳定性方差 (σ^2)，质量均值 (μ) 和努力成本（k_m 和 k_r）的表达式。因此，我们感兴趣的是产品质量特征如何影响制造商对两种时间承诺策略的选择。基于表 2-1，我们推导出在 $G = 0$，均值为 μ 时，质量方差的临界值 σ_0^2，图形表述如图 2-2 所示。

表 2-1　**事前承诺和事后承诺的比较**

	事前	事后	差异情况（事前-事后）
e_q	$\frac{\mu^2}{2(64k_m k_r - \mu^2)}$	$\frac{\mu^2+\sigma^2}{64k_m k_r - (\mu^2+\sigma^2)}$	<0
e_s	$\frac{4k_m\mu}{64k_m k_r - \mu^2}$	$\frac{4k_m\mu}{64k_m k_r - (\mu^2+\sigma^2)}$	<0
π_m	$\frac{k_m\mu^2}{8(64k_m k_r - \mu^2)}$ $\frac{\mu^2}{64k_m k_r - \mu^2} + 4$	$\frac{k_m(\mu^2+\sigma^2)}{2[64k_m k_r - (\mu^{2+}\sigma^2)]}$	$\frac{f^2(0)}{2km} + f(0) - f(\sigma^2)$
π_r	$\frac{k_m\mu^2}{8(64k_m k_r - \mu^2)}$	$\frac{8k_m^2 k_r(\mu^2+\sigma^2)}{[64k_m k_r - (\mu^{2+}\sigma^2)]^2}$	<0

其中：$f(\sigma^2) = \frac{k_m(\mu^2+\sigma^2)}{2[64k_m k_r - (\mu^{2+}\sigma^2)]}$

从图 2-2 可验证任何固定的质量均值 μ，当质量稳定性增加时，事后承诺和事前承诺的差（$\pi_m^{ep} - \pi_m^{ea}$）增大。正如前文提到的，在事前承诺模式下质量不稳

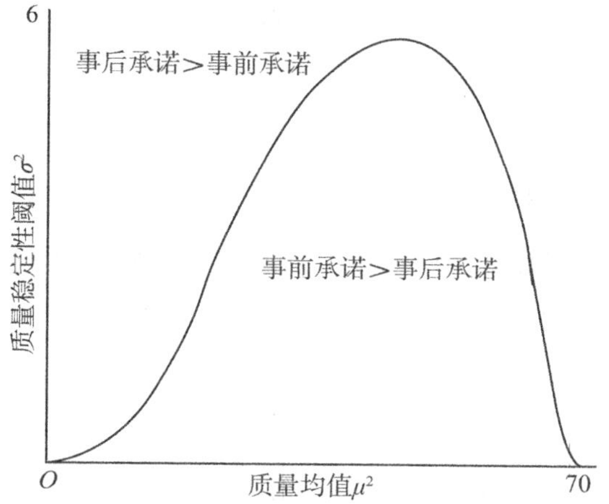

图 2-2　制造商事前承诺和事后承诺策略下制造商利润比较

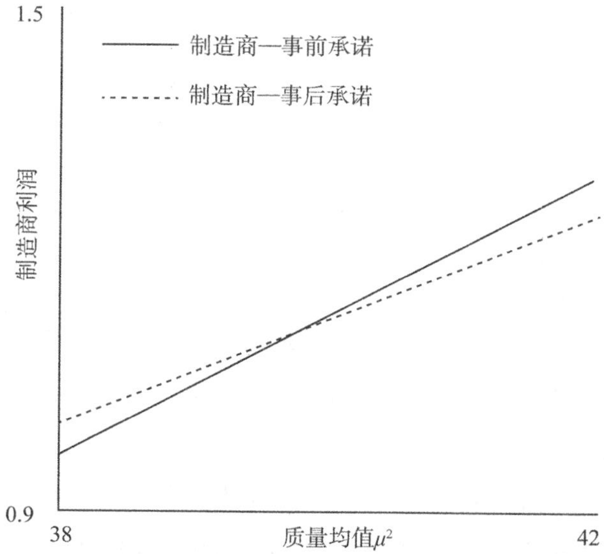

图 2-3　事前承诺和事后承诺策略下质量均值对制造商利润的影响一

定性的增加减少了零售商在销售努力上的投资。因此，质量不稳定性将进一步阻止制造商的质量提升水平，从而降低事前利润。但是，当我们研究两种策略下质量均值 μ 对制造商利润的影响时，出现了意想不到的结果：两种承诺策略下的利润差随着质量均值先减少后增加。这种非单调的关系在图 2-3 和图 2-4 中也得到说明。该结果是由质量均值的两类冲突影响导致的。一方面，随着质量均值的增加，意味着质量不稳定性相对减少。因此，零售商在事前承诺策略下强化销售努力变得更为积极，从而使该策略更能吸引制造商；另一方面，当质量均值足够高时，两种策略下制造商和零售商的投资差异微乎其微。在这种环境下，事后承诺因其能使零售商做出更加准确的销售努力决策而再次优于事前承诺。同样，这对制造商而言也是有益的。

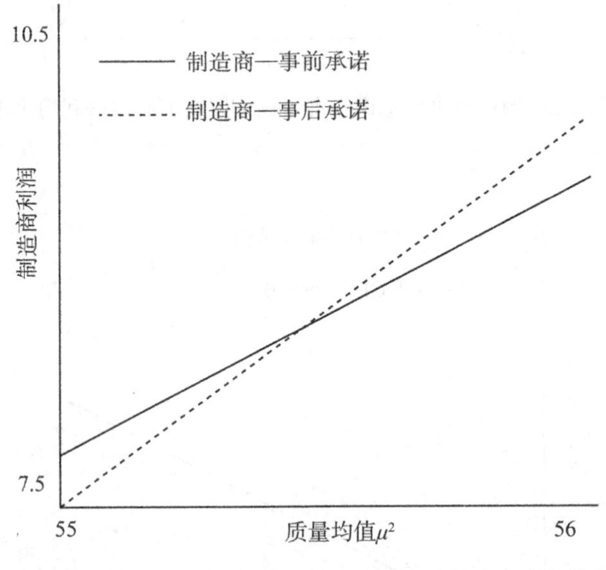

图 2-4　事前承诺和事后承诺策略下质量均值对制造商利润的影响二

图 2-5 描述了在两种策略下质量稳定性是如何影响企业利润的。因此，图表显示在事前承诺策略下企业利润与质量稳定性无关，但在事后承诺策略下随着质量不稳定性单调递增。此外，我们看到，零售商相比制造商而言，更能在事后承诺策略下受益。这是因为延迟承诺不仅能消除质量不确定带来的风险，还能促使制造商加大产品质量方面的投入。

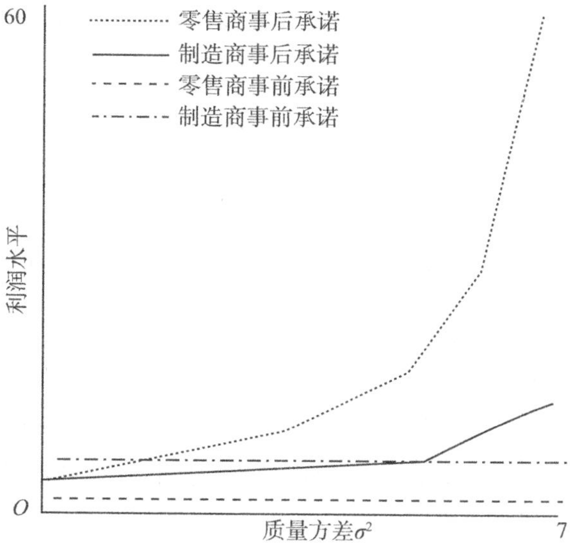

图 2-5　事前承诺策略和事后承诺策略下的企业利润

2.4　决策顺序讨论

在基础策略下，之前的研究聚焦于由零售商销售努力承诺时间区分的两种策略，一种在产品质量确定之前，另一种在产品质量确定之后。尽管如此，其他学者，如 Gurnani 等（2007）也研究了另外一些决策序列。在接下来的部分，本书将考虑对两种可替代的时间策略与基础策略进行比较。

首先研究提前承诺策略（M-R），制造商和零售商在生产过程开始前依次做出相应的质量提升和销售努力承诺决策。这个策略本质上与之前我们提到的 Gurnani 等（2007）的策略一致。该策略中，供应商同零售商签订协议，率先承诺一定质量的投资水平（唯品会），随后零售商也给予制造商销售努力承诺。因此，与事后承诺策略比较，该策略的重大区别就是零售商在生产开始前完成销售努力承诺，也就是零售商确定产品的真实质量之前完成承诺。接下来，第二种时间承诺策略是制造商和零售商同时做出他们的投资决策，同时确定产品质量提升和销售努力水平。两种时间承诺策略如图 2-6 所示。

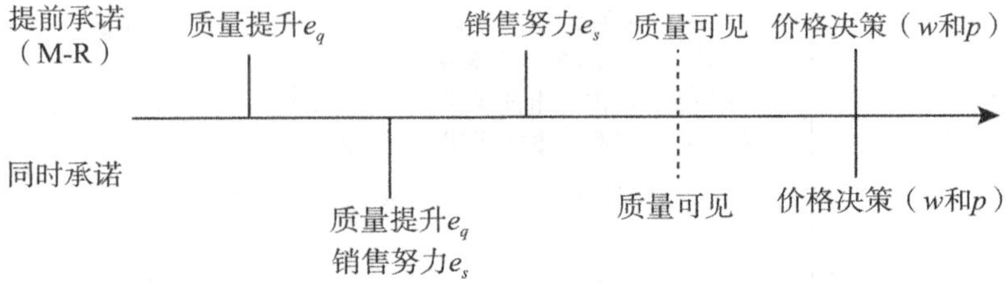

图 2-6　提前承诺策略（M-R）和同时承诺策略的决策顺序

上述两种时间承诺策略中，按照基础策略常规求解步骤推出均衡价格和投资决策。例如，提前承诺（M-R）策略是以制造商率先承诺为起始序列的。同时，承诺策略是一个静态纳什博弈，企业双方同一时间做出决策。将上述两种策略与之前的事前承诺（R-M）策略比较，得到企业均衡决策和利润见表 2-2。

表 2-2　　**提前承诺（M-R，R-M）和同时承诺的均衡比较**

	e_q	e_s	π_m	π_r
提前承诺（M-R）	$\triangle$	$\frac{4k_m}{\mu}\triangle$	$\frac{k_m}{2}\triangle$	$\frac{8k_m^2 k_r}{\mu^2 \triangle^2}$
同时承诺	$\diamond$	$\frac{8k_m}{\mu}\diamond$	$\frac{k_m(128k_m k_r - \mu^2/2)}{\mu^2 \diamond^2}$	$\frac{32k_m^2 k_r \mu^2}{\mu^2 \diamond^2}$
提前承诺（R-M）	$\frac{\triangle}{2}$	$\frac{4k_m}{\mu}\triangle$	$\frac{8k_m}{\mu}\triangle(\triangle + 4)$	$\frac{k_m}{8}\triangle$

注：$\triangle = \frac{\mu^2}{64k_m k_r - \mu^2}$，$\diamond = \frac{\mu^2}{128k_m k_r - \mu^2}$。

表 2-2 总结了不同策略下企业的利润。本章将事前承诺策略作为基准，在这种策略下企业双方在掌握真实质量水平之后做出投资决策。因此，得出结论：从制造商观点出发，偏好顺序为事前承诺（R-M）>同时承诺>提前承诺（M-R）。制造商利润随着其做出质量提升投资决策的时间前移而递减。这也被看作后动优势，也就是制造商偏好先获得零售商的销售承诺替代自身率先承诺。从规律看，

跟随者的决策取决于领先者的绩效，为此，领先者必须具备好的绩效来激励跟随者做出更好的承诺。例如，如表2-2所示，制造商在提前承诺策略（M-R）下的质量投入是R-M的2倍，而两种策略下零售商投入不变。同样对于零售商而言，也偏好在制造商确定投资水平后做出决策。我们得到零售商的利润在三种策略中的比较如下：提前承诺（M-R）>同时承诺>事前承诺（R-M）。

2.5 本章小结

本章研究了供应信息不确定下制造商质量提升和零售商销售努力的联动策略。在此条件下，产品初始质量确定，但质量提升水平不确定，服从均值为 $e_q\mu$ 和标准差为 $(1+e_q)\sigma$ 的随机分布。市场需求受不确定的产品质量提升效果和零售商销售努力程度影响。质量提升和销售的努力投入产生相应的成本。本章研究了不同决策时间下的两种承诺策略：一是事前承诺策略，零售商在制造商产品质量提升之前承诺销售努力水平；二是事后承诺策略，零售商在掌握确切的产品质量提升水平后确定销售努力水平。通过逆向归纳法，本章得到两种策略对质量投入水平、销售努力水平、企业双方和供应链收益的影响，通过比较分析得到企业双方的最优策略。此外，在两种策略基础上，本章对于制造商质量提升和销售努力的决策顺序做了进一步延伸讨论；研究了制造商率先投入质量，零售商销售努力承诺后再质量可见的决策情况和制造商质量提升和零售商销售努力同时决策的情况。主要研究以下问题：一是两种策略下，制造商和零售商如何决策质量提升水平和销售努力水平；二是两种承诺策略对制造商、零售商以及供应链整体收益产生的影响，比较分析企业双方的策略选择偏好；三是提前承诺（M-R）、同时承诺与事前承诺（R-M）三种策略偏好对比情况。研究结果主要包括以下几点：

（1）事前承诺策略下企业双方和供应链整体利润与质量变动系数 σ 无关，而事后承诺策略下企业利润随着质量变动系数 σ 单调递增。这是由两种不同策略下质量可见的时间点差异决定，事前承诺策略下企业双方决策基于对质量的期望，而事后承诺策略则基于真实的质量。

（2）制造商和零售商均衡决策下的质量提升水平或销售努力水平不仅随着自身努力成本递减，同时也随着上游或下游企业努力成本递减。这是因为制造商考虑零售商由于成本过高而限制销售努力水平投入，零售商考虑制造商成本过高而限制质量提升水平投入。上、下游企业间的投入成本对自身和对方投入水平同时造成影响，凸显了产品质量提升和市场需求提升的交互影响作用。

(3) 与事前承诺策略相比，事后承诺策略下，制造商和零售商投资更为积极。由于在事前承诺下，制造商和零售商都会承担质量不稳定带来的风险，企业双方偏好保守型投资，其投资水平低于最优水平。事后承诺下，零售商根据质量真实水平做出决策，制造商为了激励零售商后期投入将强化产品质量提升，企业双方投资水平高于事前承诺策略的投资水平。

(4) 供应链和零售商的利润在事后承诺策略下更优。制造商在质量变动系数 σ^2 较低时，偏好事前承诺策略；在质量变动系数 σ^2 较高时，偏好事后承诺策略。零售商不愿意承担质量不确定带来的风险，更倾向选择事后承诺策略。但对于制造商而言，虽然质量波动性较低时，事前承诺能让其转移风险给零售商，但当波动性较大时，制造商为了减轻零售商有限销售努力带来的负面影响，将选择独自承担质量不稳定带来的风险。

本章也有一些局限性。首先，不同于前文中的模型设置，在实际环境中零售商往往在销售努力上有资源限制，例如电影公司有限的放映厅数量以及电子商务网页中有限的优先展示位。为此，在此情境下如何调整资源限制，有待进一步研究。在此基础上，引入供应商的竞争也许能使零售商销售努力的承诺时机的研究更有趣。其次，考虑信息不对称下的成本问题和多周期问题，也是值得进一步探讨的话题。

第 3 章　需求信息不确定下制造商质量提升和零售商信息获取联动决策研究

本章研究了零售商在制造商质量提升之前和之后进行销售努力承诺对供应链企业投资决策和供应链企业效率的影响，研究结果表明，事后承诺策略将使供应链企业在质量提升和销售努力方面投入更多，而当质量波动性较高时，制造商更愿意独立承担质量提升的风险而选择事后承诺策略。

本章将在上一章基础上继续研究供应商和零售商交互领域信息不确定细分问题：分散型供应链中考虑制造商质量提升的零售商信息获取策略。消费者偏好最初不确定，但是能通过零售商信息获取行为实现。为了揭露零售商信息获取时间的战略交互作用，本章研究了两种策略：承诺获取策略和条件获取策略。两种获取方式的区别在于，零售商在供应商质量提升决策之前还是之后做出需求信息获取承诺。研究认为，不论是承诺获取策略还是条件获取策略，都能在企业信息获取和质量决策之间起到一个正面的交互作用，致使双方企业更倾向于采取行动刺激销售。但是，在承诺获取策略下，零售商将更加主动采取信息获取行为，制造商的质量投资仍处于稳定水平且与信息获取成本无关。不同的是，条件获取策略下虽然零售商持有较小的信息获取动机，但却比承诺获取策略更能促使制造商投资较高的质量水平。在此情境下，质量提升水平随着信息获取成本单调递增。当信息获取成本在中间范围时，零售商偏好条件获取策略。在此情境下，零售商在条件获取策略下通过信息获取带来的质量提升水平要高于承诺获取策略；相反，制造商总是在承诺获取策略下产生更高的收益。

3.1 问题的产生背景

从供应链整体效率看，上、下游交易的成功需要制造商和零售商分别在自己负责的领域加大投入。一方面，制造商高额投资产品技术研发改进产品质量；另一方面，掌握快速变化的消费者偏好制定行之有效的销售决策（如库存、价格）也变得十分必要。为了更有效地制定价格决策，对于直接接触客户的零售商来说，需要尝试各种方法，如反馈报告、大规模样本测试和销售数据搜集，来获取客户信息和定义需求特征，这就是零售商信息获取行为。由于市场竞争日趋激烈以及信息技术更新换代，目前供应链成员间的合作变得愈发频繁。例如，Collaborative Planning Forecasting and Replenishment（CPFR）项目中，零售商能快速将需求预测信息分享给上游制造商，使制造商更好地掌控库存水平并刺激销售（Sherman，1998）。美国超过 60%的零售商分享消费者信息给供应商，帮助供应商更好地设计他们的产品来迎合消费者的偏好（Guo，2009）。但是，供应商和零售商之间何种程度的合作才能有效改善供应链中零售商的收益并不清楚。直观来看，假设信息获取的过程需要支付高额费用（Shin 和 Tunca，2010；Guan 和 Chen，2016），零售商由于存在对不确定真实市场需求能否偿还其信息获取成本的疑虑，可能会放弃采取信息获取措施。在此情境下，制造商的质量提升活动可为零售商排忧解难。制造商提供更优质的产品，将刺激零售商更为主动地开展信息获取行动。零售商基于制造商质量提升过程的信息获取决策将更为准确。本章将揭示制造商质量提升和零售商信息获取的关联关系：零售商的信息获取不仅能使供应链成员做出更加准确的价格决策，也能间接激励制造商分配更多的资源来提升产品质量。这是由于知道零售商信息获取背后的利益后，为了在产品投放市场后挖掘更多的市场利润，制造商更加自信和积极地提升产品质量来扩大销售潜力。Mittendorf 等（2013）定义了制造商投资和零售商信息获取的一种交互作用，得到了零售商进行信息获取将激励制造商开展需求提升活动，从而带来供应链效率的提升。

本章研究两类信息获取策略：承诺获取策略和条件获取策略。两种策略取决于零售商信息获取和制造商质量提升的决策顺序不同。条件获取策略是指零售商在观察到制造商产品质量提升过程后，决定是否采取信息获取。与上一章相同的是，本章将在一个标准的二级供应链中研究上述两种策略。在承诺获取策略下，零售商在制造商决定产品质量投资水平之前，承诺是否获取消费者信息。如果零售商选择承诺获取，制造商将决定质量水平的投资目标。在产品投放市场后再进行需求信息获取，制造商和零售商依次决定批发价和零售价。在这一阶段，如果零售商采取信息获取，企业双方都能观察到需求信息，价格决策将依据需求条件做出。然而，当零售商未采取信息获取，价格决策将依据需求期望做出。在条件获取情境下，制造商首先确定质量投资目标，然后由零售商根据制造商的质量投资水平决定是否采取信息获取行为。定价阶段与承诺获取策略一致：企业双方只有当零售商采取信息获取行为时，才能做出更加准确的价格决策。

目前，大量学者研究决策时间的战略影响作用（Guan 和 Chen，2016；Gurnani 等，2007；Hsiao 和 Chen，2012；Liu 等，2015），更重要的是决策时间的变化在企业实践中也在应用。例如，美国著名的服装和内衣零头企业威富公司（VF Corporation）与其零售商达成了共享需求信息的协议。零售商承诺在其零售门店安装先进的数据采集设备来搜集数据，分析和共享市场需求（如消费者购买行为、POS 数据）。零售商在信息获取和信息共享上的承诺无疑将提升 VF 公司在零售市场的绩效。因此，就像与著名设计师合作或是品牌形象升级一样，VF 公司在投资和提升产品质量和扩大潜能方面变得更为主动。但是，有时候零售商不会在最开始阶段承诺进行信息获取，而是选择在掌握制造商产品质量后再更谨慎地做出信息获取的决策。对于大型零售商，如沃尔玛、百思买（Bestbuy）和塔吉特（Target）来说，拥有强大的需求信息获取系统并能按月将其产品市场分析数据分享给供应商。但是，这种信息共享并不针对所有产品类别，而只对于那些具有高销售额的产品类别。这种针对高销售额产品的选择性的信息获取行为意味着零售商的信息获取决策能根据制造商的产品质量水平来决定。高质量的产品将带来优异的销售业绩，从而激励零售商花费相应成本进行信息获取。

考虑到信息获取时间的多样性，本章证明了两种不同时机的信息获取策略下企业的均衡策略和收益有显著差异。首先，在两种不同的信息获取情境下，零售商均衡信息获取策略都将呈现出分割结构：零售商仅当其获取成本相对较低时采取信息获取；在承诺获取策略下，相较条件获取策略零售商拥有较强的动机采取信息获取行为。在承诺获取策略下，零售商预测信息获取能提升制造商在产品质量方面的投资，从而有意愿采取信息获取。然后，在条件获取策略下，零售商仅当制造商质量投资水平足够高时获取需求信息。在此情境下，信息获取使零售商做出更有效的价格决策能弥补其信息获取的花费。然而，随着信息获取成本的增加，对于制造商来说，投资过高质量水平促进零售商进行信息获取的行为成本太高。因此，制造商将放弃质量提升，零售商也将在条件获取策略下改变信息获取决策。基于零售商信息获取动机产生的基本原理，研究结论表明，承诺获取策略能使零售商更积极地进行信息获取。

其次，当零售商选择获取需求信息时，在条件获取策略下，制造商投资的质量水平要高于（或至少等于）承诺获取策略下的质量水平。如之前提到的，在条件获取策略下，制造商必须投资较高的质量水平，从而使零售商信息获取的期望收益高于其成本。因此，质量投资水平随着信息获取成本单调递增。相较而言，在承诺获取策略下，由于零售商必须在最初阶段承诺信息获取，制造商能选择与信息获取成本无关的最优质量投资水平。当信息获取成本低时，质量投资水平在两种策略下一致。在条件获取策略下，当信息获取成本变高时，如果制造商仍然偏好零售商获取信息，就必须投资足够高的产品质量水平。为此，该质量水平势必高于承诺获取策略。

再次，制造商总是偏好承诺获取策略，而零售商根据信息获取成本偏好不同的策略。从制造商观点出发，条件获取策略不仅能减弱零售商信息获取的动机，也使制造商在产品质量上投资更多，而上述两类后果都会损害制造商的利润。但是，即便零售商在条件获取策略下采取信息获取变得更为保守，但却能通过延迟信息获取决策来促进制造商投资更高的质量水平。结合两类冲突影响，研究表明，当能促使制造商产生更高的产品质量投资时，条件获取策略优于承诺获取策略。但是，如果零售商在条件获取策略下放弃信息获取而在承诺获取策略下采取信息获取，零售商将偏好承诺获取策略。

研究结果证明，零售商可通过使用信息获取策略促使制造商进行质量提升。事实上，这种交互影响作用在不同的决策顺序策略下有很大不同。结论表明，零售商采用承诺获取策略总能促使制造商在产品质量水平上加大投入。由于零售商承诺进行信息获取，制造商将产品投放市场就能做出更加准确的价格决策。为此，制造商有意愿通过提升产品质量创造更高的市场潜能。同样的道理，如果零售商的信息获取行为将从制造商处获得更优质的产品质量水平，则零售商在获取成本不高的情形下也有兴趣主动承诺开展信息获取。

条件获取策略也似一把双刃剑。一方面，它可能促使制造商加大投入以达到足够优质的产品质量来激励零售商进行信息获取，零售商的获取成本在无形中将部分转移给制造商。因此，结果表明，在此情境的均衡状态下，制造商为激励零售商将在产品质量上过度投资，而通过质量提升过程实现的质量水平要高于理想水平。作为信息获取的回报，这种过度的质量提升无疑使零售商获利。另一方面，当持续增加的信息获取成本促使制造商必须通过高额投入来提升产品质量时，制造商将即刻放弃提升产品质量。这种情形带来的结果就是零售商需要改变获取策略，承担较低产品质量水平的负面影响，从而降低自身收益。

考虑延迟信息获取的冲突影响，制造商总是在零售商实施承诺获取策略时更优。但是对于零售商而言，根据信息获取成本的范围不同，任何一种获取策略都可能成为其首选。这是因为，即使条件获取策略能够带来制造商在产品质量方面的过度投资，而一旦获取成本较高，反而会阻止供应链合作。为此，零售商仅仅当获取成本在中间范围时才偏好条件获取策略。另一个有趣的结论是，尽管过度投资降低了制造商一方的利润，但却对供应链的整体利润有利。条件获取策略在一定范围内实实在在地优化了供应链的整体绩效。这是因为，在分散型供应链中受限于双重边际效应，均衡质量提升水平要大幅低于集中供应链中的最优值，而条件获取策略带来的超额质量投入缩小了分散型和集中型供应链的质量差距。

由于制造商能够对产品质量进行条件提升和分担零售商信息获取成本，从而从中可得到一些管理启示。质量的条件提升允许制造商在掌握消费者偏好（通过零售商信息获取）后调整其质量水平，但会使制造商产生一个较高的调整成本。因此，条件获取策略给予制造商做质量决策时更多的灵活性，从而形成了制造商和零售商对于信息获取时间的差异偏好。尽管在承诺获取和条件获取策略下，制造商将承担部分零售商信息获取的成本，但其现实含义却有所区别。在承诺获取策略下，制造商通过分担信息获取成本促使零售商更为主动地采取信息获取策略。然而，在条件获取策略下，制造商通过分担零售商的信息获取成本补偿其在产品质量方面的过度投资。

3.2 模型构建

在考虑一个标准的垂直供应链中，制造商通过独立的零售商销售产品给终端消费者。假设市场消费者数量为 1，供应链中企业双方风险中立并追求利润最大化。制造商以单位价格 w 向零售商收取批发价，零售商以单位零售价格 p 销售给终端客户。假设两个企业无运营成本。

消费者购买剩余为假定为 $V=\theta q-p$，q 为产品质量，θ 代表消费者对产品的私人偏好，为随机变量，其中 1/2 概率在 0-1 区间服从均匀分布：$\theta \sim U[0,1]$，1/2 概率在 1-2 区间服从均匀分布：$\theta \sim U[1,2]$，这代表消费者偏好异质且分布在两个范围区间。消费者能够确定其自身偏好，然而制造商和零售商仅能够持有先验观点：消费者对于产品的偏好在两个范围内概率相同。

制造商能提升产品质量以增加市场需求从而产生下凸成本函数 $C(q)=kq^2/2$，其中 q 为质量提升水平，$k>0$ 为提升产品质量的努力成本系数。这个下凸成本函数在运营管理文章（如 Banker 等，1998；Gurnani 等，2007；Ma 等，2013a）中广泛应用。此外，为了解决消费者偏好不确定的问题和做出有效的价格决策，零售商也能通过多种方法获取消费者的偏好信息，如问卷调查，抽样测试或是聘请专业咨询公司进行全面的市场调查。这些市场调研活动需要付出较高的成本，我们定义信息获取的成本为 c。当零售商进行信息获取后，就能确认消费者偏好的具体范围（高偏好或低偏好）。由于市场中消费者的反馈报告和大规模抽样调查易被观测，假设供应商总能及时掌握到零售商的信息获取决策。因此，根据一些学者观点（Grossman，1981；Guo，2009）在此种情境下，零售商会分享需求信息给制造商，尽管这种分享可能会损害零售商的盈利能力。

基于以上假设，本章依托于零售商在制造商提升产品质量水平之前或是之后是否进行信息获取，研究了两种可替代的合作策略：承诺获取策略和条件获取策略。承诺获取策略决策顺序如下：（1）零售商决定是否获取消费者偏好信息；（2）制造商根据零售商的信息获取决策决定质量提升水平 q；（3）制造商设定批发价格 w；（4）零售商决定零售价格 p。条件获取策略在前两个步骤和承诺获取存在区别：制造商首先决定质量提升水平 q，零售商再决定是否进行信息获取。承诺获取策略和条件获取策略中，假设零售商进行信息获取后，消费者偏好 $\theta_i(i \in \{H, L\})$ 在价格决策之前获得。两种获取策略图形说明如图 3-1 所示。

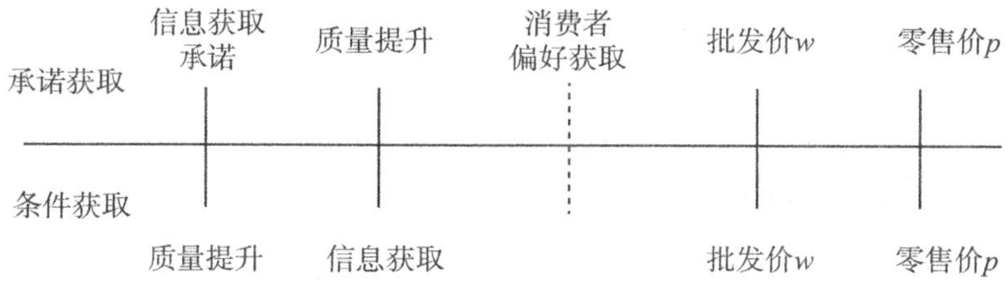

图 3-1 零售商信息获取两种策略决策顺序

为不失一般性，将制造商生产成本和零售商销售成本设为 0。因为整个解决方案包含制造商和零售商多轮战略互动交互，为此本章使用逆向归纳法。模型符号见表 3-1。

表 3-1 **模型符号**

符号	释义
θ	消费者对产品的偏好
q	产品质量
p	零售价
w	批发价
c	零售商信息获取成本
k	质量提升的成本系数
α	延迟质量提升的成本系数
$C(q)$	质量提升成本函数，$C(q) = kq^2/2$
$\hat{C}(q)$	延迟质量提升的成本函数 $\hat{C}(q) = \alpha kq^2/2$
$\pi_r(\pi_m)$	零售商（制造商）的利润
N，H，L	表示消费者偏好未知、高或低
A（N）	零售商获取（不获取）信息的下标
*（#）	在承诺获取（条件获取）策略下的最有决策下标

3.3　零售商信息获取策略

本节调查了零售商信息获取和制造商质量提升决策，先研究承诺获取策略，然后研究条件获取承诺策略，最后从不同企业期望收益角度检验何种策略最优。

3.3.1　承诺获取策略

在承诺获取策略中，零售商需要在掌握制造商真实质量提升水平前做出是否进行信息获取承诺的决策。产品质量和消费者偏好（如果进行信息获取）要在价格决策制定之前确定。步骤为：零售商先做信息获取决策，制造商根据零售商的决策做质量提升水平决策，再通过比较零售商在信息获取和不获取状态下的经营利润得到其均衡信息获取策略。

零售商不进行信息获取：如果零售商在开始时选择不做信息获取，制造商和零售商双方共同认为消费者偏好在［0，1］和［1，2］两个区间均匀分布，且具有相等的概率。假设可观察的产品质量为 q，零售商和制造商的收益函数分别为

$$\pi_r^N(p) = \frac{1}{2}(p - w)\left(2 - \frac{p}{q}\right) \tag{3-1}$$

$$\pi_m^N(w) = \frac{1}{2}w\left(2 - \frac{p}{q}\right) - \frac{1}{2}kq^2 \tag{3-2}$$

运用逆向归纳法，零售商和制造商的均衡价格为 $w(q)=q$ 和 $p(q)=3q/2$，这表示批发价以及零售价随着产品质量水平单调递增。这是因为，产品质量提升水平扩大了市场潜能，从而提升了产品销售价格和盈利水平。通过预测价格决策顺序，制造商根据 $\pi_m^N[p;\ p(q);\ w(q)]$ 利润最大化决策最优质量水平 q，$q^N = 1/4k$。基于上述均衡价格和提升决策，在信息不获取情境下零售商和制造商的均衡收益为：

$$\pi_r^N = \frac{1}{32K},\ \pi_m^N = \frac{1}{32K}$$

零售商进行信息获取：当零售商承诺提前获取消费者信息，制造商尽管仍需

要基于期望的消费者偏好设定质量水平，却能够推断出其能在产品价格确定前获取到消费者的偏好信息 θ_i，$i \in \{H, L\}$。在定价阶段，假设产品质量水平 q 和消费者偏好 $\theta_H(\theta_L)$，零售商和制造商利润公式分别为：

$$\begin{cases} \pi_r^A(p;\ \theta_H) = (p - w)\left(2 - \dfrac{p}{q}\right) - c \\ \pi_m^A(w;\ \theta_H) = w\left(2 - \dfrac{p}{q}\right) - \dfrac{kq^2}{2} \end{cases} \tag{3-3}$$

$$\begin{cases} \pi_r^A(p;\ \theta_L) = (p - w)\left(1 - \dfrac{p}{q}\right) - c \\ \pi_m^A(w;\ \theta_L) = w\left(1 - \dfrac{p}{q}\right) - \dfrac{kq^2}{2} \end{cases} \tag{3-4}$$

考虑信息不获取策略下的类似推理流程，当消费者偏好 $\theta = \theta_H$ 时，最优批发价和零售价为 $w(q,\ \theta_H) = q$ 和 $p(q,\ \theta_H) = 3q/2$；当消费者偏好 $\theta = \theta_L$ 时，最优批发价和零售价为 $w(q,\ \theta_L) = q/2$ 和 $p(q,\ \theta_L) = 3q/4$。当制造商不知道消费者偏好在哪个区间时，其通过综合上述最优价格决策最大化其期望收益来决策质量水平 q：

$$q = \frac{1}{2}\pi_m^A[q,\ p(q;\ \theta_H),\ w(q;\ \theta_H)] + \frac{1}{2}\pi_m^A[q,\ p(q;\ \theta_L),\ w(q;\ \theta_L)] \tag{3-5}$$

得到最优质量水平 $q^A = 5/16k$。基于上述最优决策，信息获取情境下零售商和制造商的均衡收益为：

$$\pi_r^A = \frac{25}{512k} - c,\ \pi_m^A = \frac{25}{512k}$$

命题 3.1 承诺获取策略下均衡状态为：

（1）如果 $c \leqslant \dfrac{9}{512k}$，零售商获取信息，最优质量提升水平和期望收益为 $q^* = \dfrac{5}{16k}$，$\pi_r^* = \dfrac{25}{512k} - c$，$\pi_m^* = \dfrac{25}{512k}$；

（2）如果 $c > \dfrac{9}{512k}$，零售商不进行信息获取，最优质量提升水平和期望收

益为 $q^* = \frac{1}{4k}$，$\pi_r^* = \pi_m^* = \frac{1}{32K}$。

证明： 当 $\pi_r^A \geq \pi_r^N$ 时，零售商采取信息获取策略，得到信息获取成本 $c \leq \frac{9}{512k}$。因此，当 $c \leq \frac{9}{512k}$ 时，零售商选择进行信息获取；当 $c \geq \frac{9}{512k}$ 时，零售商选择不进行信息获取。

在承诺获取策略下，零售商的信息获取策略存在一个切分点。只有当获取成本低于阈值时，零售商承诺进行信息获取。当获取成本高于阈值时，零售商不进行信息获取。从零售商观点看，是否采取信息获取取决于需求信息获取带来的利益是否能覆盖信息信息获取产生的成本。另外，零售商进行信息获取时，制造商在提升产品质量方面更加主动。这个结果十分有趣，因为实质上，不论零售商获取信息与否，制造商都需要在消费者偏好信息确定之前决定产品质量，但产生的结果却截然不同。这是由于当零售商承诺信息获取，制造商就能确认后续得到的消费者偏好信息能帮助其制定更加有效的价格决策，从而提升自身利润。这种可预见性的收益提升随后将导致制造商进一步提升其产品质量水平，例如 $q^A > q^N$。为此，信息获取带来的质量提升并不是由于掌握了准确的消费者偏好导致的，而是由于更为准确的价格决策的预期利润导致的。本书将此定义为承诺获取的效果保证。然而，由于信息获取的高成本，零售商将改变获取策略，这种效果也随之消失。

推论 3.1　在承诺获取策略下，零售商和制造商的利润都将随着信息获取成本 c 单调递减。

证明： 当 $c \leq \frac{9}{512k}$ 时，零售商的期望收益 π_r^* 随着成本 c 单调递减；当 $c > \frac{9}{512k}$ 时，零售商期望收益不变。因此，π_r^* 随着信息获取成本 c 弱递减。而对于制造商来说，其期望收益 π_m^* 当 $c = \frac{9}{512k}$ 出现骤降。因此，π_m^* 也随着信息获取成本 c 弱递减。

依直觉来看，信息获取成本的增加将降低零售商的获取动机，并因此降低企业利润。本章得到了承诺获取策略下企业的均衡战略和收益，接下来研究条件获取策略状态。

3.3.2 条件获取策略

不同于承诺获取策略下零售商可提前承诺是否采取信息获取，在条件获取策略下，零售商能在观察到确切的质量水平后再做决策。为此，制造商需要在预测零售商是否采取信息获取情况下决定质量提升水平。价格决策的顺序与承诺获取策略一致。通过逆向归纳法，企业均衡质量提升和信息获取策略的推导过程与承诺获取策略遵循同样的原理，均衡决策如下：

命题 3.2 条件获取策略状态下均衡为：

（1）当 $c \leqslant \frac{5}{512k}$ 时，零售商获取信息，最优质量提升水平和收益为 $q^{\#} = \frac{5}{16k}$，$\pi_r^{\#} = \frac{25}{512k} - c$ 和 $\pi_m^{\#} = \frac{25}{512k}$；

（2）当 $\frac{5}{512k} < c \leqslant \frac{1}{64k}$ 时，零售商获取信息，制造商在产品质量上过度投资，最优质量提升水平和收益为 $q^{\#} = 32c$，$\pi_r^{\#} = 4c$ 和 $\pi_m^{\#} = 2c(5 - 256ck)$；

（3）当 $c > \frac{1}{64k}$ 时，零售商不获取信息，最优质量提升水平为 $q^{\#} = \frac{1}{4k}$，$\pi_r^{\#} = \pi_m^{\#} = \frac{1}{32k}$。

证明：假设零售商采取信息获取，当 $\theta = \theta_H$ 时，$\pi_r = \frac{q}{4} - c$；当 $\theta = \theta_L$ 时，$\pi_r = \frac{q}{16} - c$。然而，如果零售商选择不进行信息获取，其期望收益 $\pi_r = \frac{q}{8}$。零售商通过比较其在信息获取和不获取状态下的收益得到最优信息获取决策。因此，仅当 $c \leqslant \frac{q}{32}$ 时，零售商偏好信息获取。在零售商确定最优信息获取决策基础上，研究制造商最优质量提升水平决策，考虑接下来两种状态：

（a）如果零售商选择进行信息获取，制造商最优解求解过程如下：

$$\max \pi_m^A(q) = \frac{1}{2}\left(\frac{q}{2} - \frac{kq^2}{2}\right) + \frac{1}{2}\left(\frac{q}{8} - \frac{kq^2}{2}\right)$$

$$\text{s. t. } c \leqslant \frac{q}{32}$$

当$c \leqslant \frac{5}{512k}$时，最优解为$q = \frac{5}{16k}$，否则$q = 32c$。因此，制造商的收益分别为$\pi_m^A = \frac{25}{512k}$，$\pi_m^A = 10c - 512c^2k$。

(b) 如果零售商选择不进行信息获取，制造商最优解求解过程为：

$$\max \pi_m^A(q) = \frac{q}{4} - \frac{kq^2}{2}$$

$$\text{s. t. } c > \frac{q}{32}$$

当$c > \frac{1}{128k}$时，最优解为$q = \frac{1}{4k}$，否则$q = 32c$。因此，制造商的收益分别为$\pi_m^A = \frac{1}{32k}$，$\pi_m^A = 8c - 512c^2k$。

当$c > \frac{5}{512k}$时，$\frac{25}{512k} > 10c - 512c^2k$，并且$\frac{25}{512k} > \frac{1}{32k}$。因此，当信息获取成本超过$\frac{5}{512k}$时，只有当$10c - 512c^2k \geqslant \frac{1}{32k}$时，零售商进行信息获取优于不进行信息获取，从假设条件得到$c \leqslant \frac{1}{64k}$。这意味着，在$\frac{5}{512k} < c \leqslant \frac{1}{64k}$区间时，制造商在产品质量提升上过度投资，以促使零售商进行信息获取。当$c > \frac{1}{64k}$时，制造商将不再促使零售商进行信息获取。

与承诺获取策略相比，条件获取在信息获取决策上赋予零售商更多的灵活性。两种策略比较如图 3-2 所示（$k = 0.1$）。为详细说明零售商的条件获取策略，当获取成本很低时（$c \leqslant \frac{5}{512k}$），零售商总是进行信息获取，因为借此他能够制定更有效的价格决策。预测到零售商的获取行为时，制造商将选择与承诺获取策略一样的质量提升水平。当信息获取成本达到中间值范围时（$\frac{5}{512k} < c \leqslant \frac{1}{64k}$），零售商对信息获取的意愿减弱。在此种情境下，制造商别无选择，只能过度投资

质量，刺激零售商进行信息获取。因此，图 3-2 呈现一种有趣的现象，质量提升水平随着信息获取成本单调递增。这能够理解为，制造商通过提升产品质量承担一部分零售商的获取成本。最后，当获取成本足够高时（$c > \frac{1}{64k}$），使零售商信息获取动机更为减弱，对于制造商来说，再进行质量提升的过度投资不再具备经济效益。因此，制造商将选择保守的质量水平，零售商也将相应改变信息获取策略。

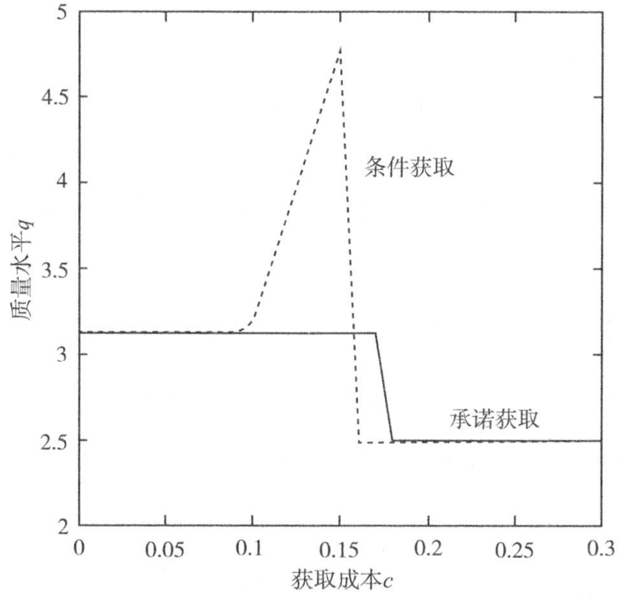

图 3-2　承诺获取和条件获取策略下的最优质量水平

推论 3.2　条件获取中，制造商的收益随着获取成本 c 单调递减，而零售商的收入随着获取成本 c 非单调变化。

证明：当 $c \leqslant \frac{5}{512k}$ 时，制造商的期望收益 $\pi_m^\#$ 不变，当 $\frac{5}{512k} < c \leqslant \frac{1}{64k}$ 时，$\frac{\partial \pi_m^\#}{\partial c} = 2(5 - 512ck) < 0$；当 $c > \frac{1}{64k}$ 时，$\pi_m^\#$ 不变，表明 $\pi_m^\#$ 在 c 区间连续。因此，制造商的期望收益 $\pi_m^\#$ 随着信息获取成本 c 弱递减。从零售商的期望收益来看，

当 $c \leqslant \dfrac{5}{512k}$ 时，$\pi_r^{\#}$ 随着 c 单调递减。当 $c \leqslant \dfrac{5}{512k}$ 时，$\pi_r^{\#}$ 随着 c 单调递减，当 $\dfrac{5}{512k} < c \leqslant \dfrac{1}{64k}$ 时，$\pi_r^{\#}$ 随着 c 单调递增。但是，当 $c = \dfrac{1}{64k}$ 时，$\pi_r^{\#}$ 突然下降，并在 $c > \dfrac{1}{64k}$ 区间保持不变。因此，零售商的期望收益 $\pi_r^{\#}$ 与信息获取成本 c 无关。

与承诺获取策略（推论 3.1）相反，条件获取中得到了零售商收益和获取成本之间的有趣关系，零售商收益随着获取成本单调增加。这个出乎意料的结果揭露了信息获取时间的重要影响：当零售商在观察到产品质量后再决策如何设计其信息获取策略时，制造商的质量提升水平不可避免地影响着零售商的信息获取动机，越高的质量水平将使零售商产生越强的信息获取动机。当信息获取成本相对较高时，延迟获取时间点促使制造商在产品质量上过度投资，来扩大市场潜在需求。因此，增大的市场空间给零售商带来的利润超出了信息获取高成本带来的负面效果。

3.3.3　承诺获取策略和条件获取策略利润比较

上文得到了上述两种策略下企业的均衡质量提升和信息获取策略，这里将进一步研究哪种策略将为制造商或零售商带来更高的收益。

命题 3.3　比较承诺获取策略和条件获取策略的利润，得到：

（1）当 $c \leqslant \dfrac{5}{512k}$ 或 $c > \dfrac{9}{512k}$ 时，企业利润在承诺获取和条件获取策略下相等；

（2）当 $\dfrac{5}{512k} < c \leqslant \dfrac{1}{64k}$ 时，零售商的利润在条件获取策略下较高，而制造商的利润在承诺获取策略下较高。

（3）当 $\dfrac{1}{64k} < c \leqslant \dfrac{9}{512k}$ 时，制造商和零售商在承诺获取策略下能获得更高的利润。

证明：当零售商信息获取成本 $c \leqslant \dfrac{5}{512k}$ 或 $c > \dfrac{9}{512k}$ 时，在承诺获取策略下零

售商、制造商以及供应链的整体收益与条件获取策略下一致。因此，接下来只需要关注当 $\frac{5}{512k} < c \leqslant \frac{9}{512k}$ 时的情形；①当 $\frac{5}{512k} < c \leqslant \frac{1}{64k}$ 时，$\pi_r^* - \pi_r^\# = \frac{25}{512k} - 5c \leqslant 0$，$\pi_m^* - \pi_m^\# = \frac{25}{512k} + 2c(256ck - 5) \geqslant 0$，$(\pi_r^* + \pi_m^*) - (\pi_r^\# + \pi_m^\#) = \frac{25}{256k} - 15c + 512c^2k < 0$；②当 $\frac{1}{64k} < c \leqslant \frac{9}{512k}$ 时，$\pi_r^* - \pi_r^\# = \frac{9}{512k} - c \geqslant 0$，$\pi_m^* - \pi_m^\# = \frac{9}{512k} > 0$，$(\pi_r^* + \pi_m^*) - (\pi_r^\# + \pi_m^\#) = \frac{9}{256k} - c > 0$。

命题 3.3 的图形说明如图3-3、图 3-4 所示，从图中可看到，制造商在推迟做质量提升决策时更有利，然而对于零售商来说，两种时间承诺策略都可能成为其偏好选项。不同时间策略下的企业偏好的异质性是由不同信息获取选项的冲突效果产生的。

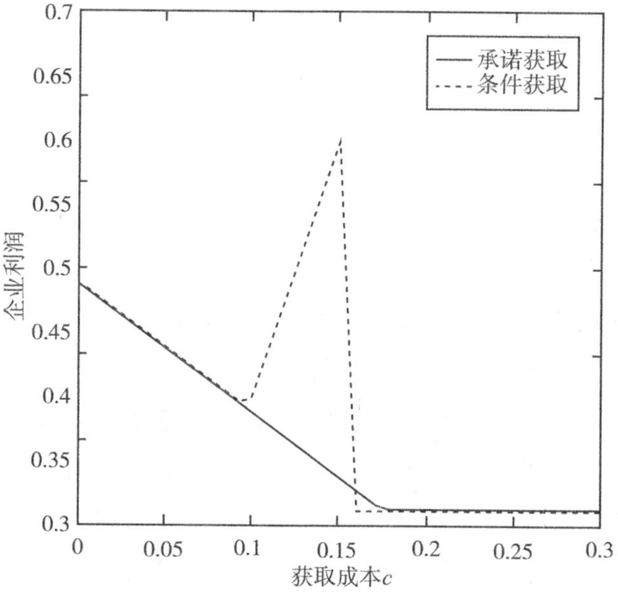

图 3-3 零售商承诺获取和条件获取策略下企业利润比较

首先，从零售商观点看，条件获取的正向效应是其促进效应，促使制造商更

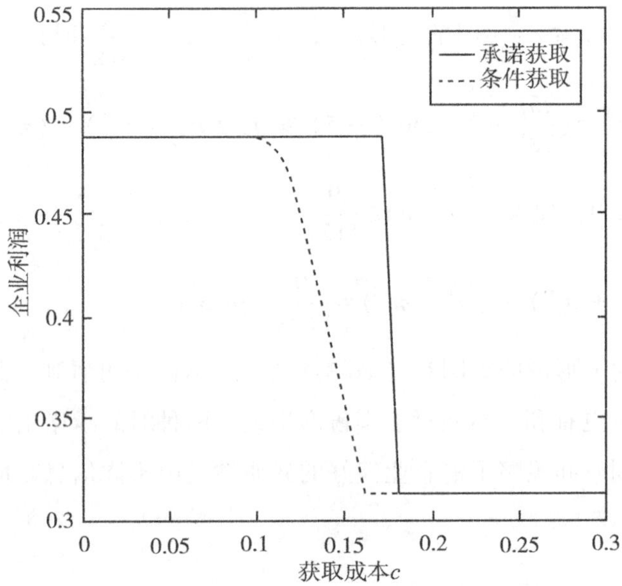

图 3-4　制造商承诺获取和条件获取策略下企业利润比较

积极地进行质量投资。这使零售商“搭便车”，从终端消费市场获得更多市场剩余。但是，条件获取策略的缺点就是其既能阻止制造商投资质量提升，也能阻止零售商信息获取。这意味着在条件获取策略下，零售商的获取决策完全依托于制造商的质量提升水平。当信息获取成本不太高且可以接受时，获取时间的延迟可以刺激制造商加大质量提升的投资。而一旦获取成本持续上升且变得不能接受时，制造商和零售商将快速放弃质量提升和信息获取。

相反，在承诺获取策略下，值得注意的是，提前承诺信息获取也符合零售商的利益。这是由于承诺获取的担保效应，零售商能通过信息获取来促使制造商在质量上加大投资，制造商质量提升又能惠及零售商的利益。因此，如图 3-3 所示，相比条件获取策略，零售商在承诺获取策略下拥有更大的动机进行信息获取（如 $\frac{1}{64k} < c \leqslant \frac{9}{512k}$），总的来说，结合两类信息获取项的冲突效果，零售商仅当获取成本在中间范围时偏好条件获取策略。

其次，从制造商观点看，很明显，承诺获取总是优于条件获取。这是因为在条件获取策略下，由于零售商获取信息的动机较低，制造商有时需要过度投资产品质量，这些都会损害制造商的利益。可以推断，在分散型供应链中，即使制造商和零售商在其他运营决策中存在冲突（例如价格冲突），他们关于信息获取的偏好在一定条件下却能达成一致（都偏好承诺获取策略）。

3.4 集中型供应链绩效和分散型供应链绩效

本节检验供应链的整体绩效（制造商和零售商的利润总和）依据信息获取时间点的不同而变化。为了这个目的，本节首先建立一种集中型供应链作为基准，比较集中型供应链和分散型供应链在上述不同策略下的利润。接下来推论说明了集中型供应链最优获取决策和期望收益。

推论 3.3 在集中型供应链中，当 $c \leqslant \frac{9}{128k}$ 时，信息获取被采用，最优质量水平为 $q^I = \frac{5}{8K}$，利润为 $\pi_{sc}^I = \frac{1}{8K}$。

证明：首先得到承诺获取条件下集中供应链的最优决策。①如果供应链不进行信息获取，供应链的利润公式为：$\pi_{sc}^N(p, q) = \frac{1}{2}p\left(2 - \frac{p}{q}\right) - \frac{1}{2}kq^2$，$p_{sc}^N = q_{sc}^N = \frac{1}{2k}$。供应链最优利润为 $\pi_{sc}^N = \frac{1}{8k}$。②如果供应链进行信息获取，供应链的利润公式分别为：$\pi_{sc}^A(p, q, \theta_H) = p\left(2 - \frac{p}{q}\right) - \frac{1}{2}kq^2 - c$ 和 $\pi_{sc}^A(p, q, \theta_L) = p\left(1 - \frac{p}{q}\right) - \frac{1}{2}kq^2 - c$。最优质量水平 $q_{sc}^A = \frac{5}{8k}$ 和最优利润 $\pi_{sc}^A = \frac{25}{128k} - c$。综上所述，仅当 $c \leqslant \frac{9}{128k}$ 时，供应链采取信息获取。

得到条件获取策略下集中供应链的最优决策：①如果供应链不进行信息获取，供应链的利润公式为：$\pi_{sc}^N(p, q) = \frac{1}{2}p\left(2 - \frac{p}{q}\right) - \frac{1}{2}kq^2$。通过逆向归纳法，最大化 $p(q) = q$，最优利润为 $\pi_{sc}^N(q) = \frac{1}{2}q - \frac{1}{2}kq^2$。②如果供应链采取信息获取，

供应链利润公式分别为：$\pi_{sc}^{A}(p, q, \theta_H)=p\left(2-\frac{p}{q}\right)-\frac{1}{2}kq^2-c$ 和 $\pi_{sc}^{A}(p, q, \theta_L)=p\left(1-\frac{p}{q}\right)-\frac{1}{2}kq^2-c$。通过逆向归纳法，利润最优时价格分别为 $p(q; \theta_H)=q$，$p(q; \theta_L)=\frac{q}{2}$，得到最优期望利润 $\pi_{sc}^{A}=\frac{5}{8}q-\frac{1}{2}kq^2-c$。因此，当 $\pi_{sc}^{A}(q)\leqslant\pi_{sc}^{N}(q)$ 时，供应链偏好信息获取，这使 $c\leqslant\frac{q}{8}$。接下来解决两类子问题：

信息获取：　$\max\pi_{sc}^{A}(q)=\frac{5}{8}q-\frac{1}{2}kq^2-c$，s. t. $c\leqslant\frac{q}{8}$

信息不获取：　$\max\ \pi_{sc}^{N}(q)=\frac{1}{2}q-\frac{1}{2}kq^2$，s. t. $c>\frac{q}{8}$

解决上述两类优化问题，供应链最优决策和利润为：当 $k\leqslant\frac{5}{64k}$ 时，最优质量水平 $q_{sc}^{A}=\frac{5}{8k}$，最优利润 $\pi_{sc}^{A}=\frac{25}{128k}-c$)；否则，最优质量水平 $q_{sc}^{A}=\frac{1}{2k}$，最优利润 $\pi_{sc}^{A}=\frac{1}{8k}$。最后，通过比较承诺获取和条件获取策略下供应链最优利润，可得到对于集中型供应链承诺获取优于条件获取。

基于推论 3. 3，可以比较集中和分散模型中供应链绩效，其图形说明如图 3-5、图 3-6 所示。图 3-5 描述了集中和分散模式下的产品质量提升水平，图 3-6 描述了不同模式下的供应链整体利润。通过图形可以清晰地表明质量提升水平和供应链利润在集中型供应链模型中更高。这是因为在分散型供应链中，双重边际效应严重阻碍了企业信息获取和质量提升的动机，从而严重降低供应链绩效。考虑两种信息获取策略下的分散型供应链绩效表明，当信息获取的促进效果显著时，条件获取策略下能获得更高的供应链绩效$\left(如\frac{5}{512k}<c<\frac{1}{64k}\right)$；否则，当条件获取阻止零售商进行信息获取，供应链收益在该策略下将低于承诺获取策略$\left(如\frac{1}{64k}<c<\frac{9}{512k}\right)$。

图 3-7 和图 3-8 进一步显示了分散式供应链与集中型供应链下的产品质量提

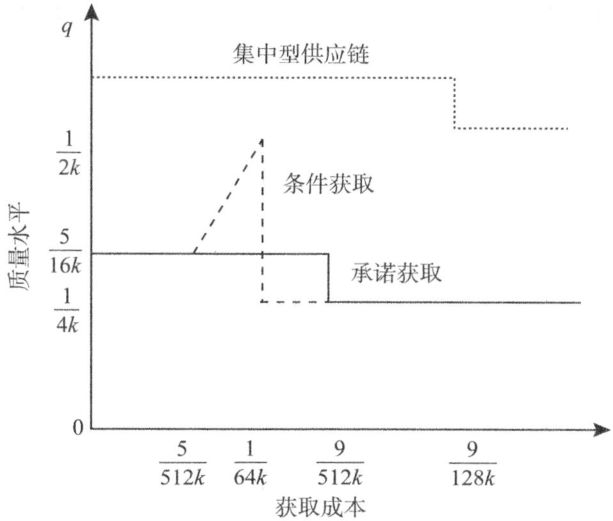

图 3-5　集中型与分散型质量水平比较分析

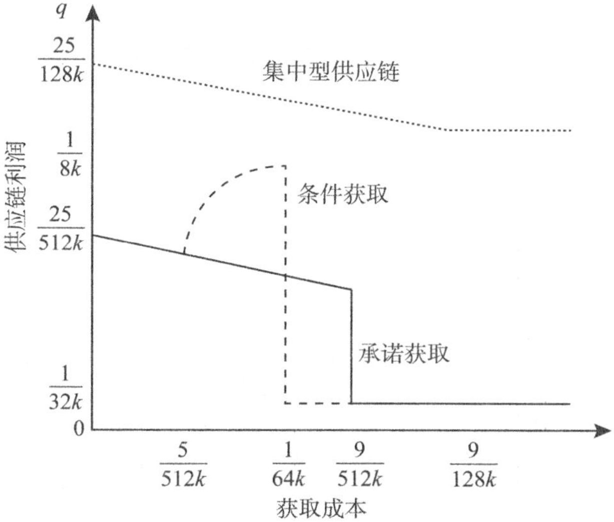

图 3-6　集中型与分散型供应链利润比较分析

升占比和期望收益占比。其中，图 3-7 描述了两种基本模型下（条件获取与承诺获取）下的均衡质量提升与供应链集中决策模型下的最优质量提升水平的对比情况。纵轴表示的是 q^{*} / q_{sc}^{A} 和 $q^{\#}/q_{sc}^{A}$。图 3-8 描述了两种基本模型下（条件获取与承诺获取）下的供应链期望收益与供应链集中决策模型下供应链最优收益水平的对比情况，纵轴表示的是 π^{*}/π_{sc}^{A} 和 $\pi^{\#}/\pi_{sc}^{A}$。

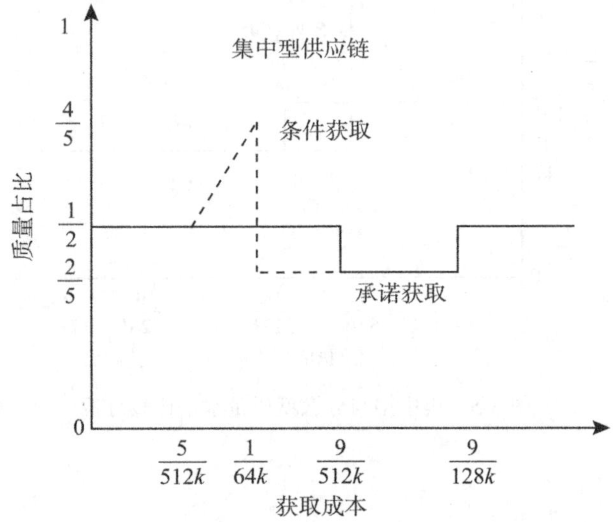

图 3-7　分散型与集中型质量水平占比分析

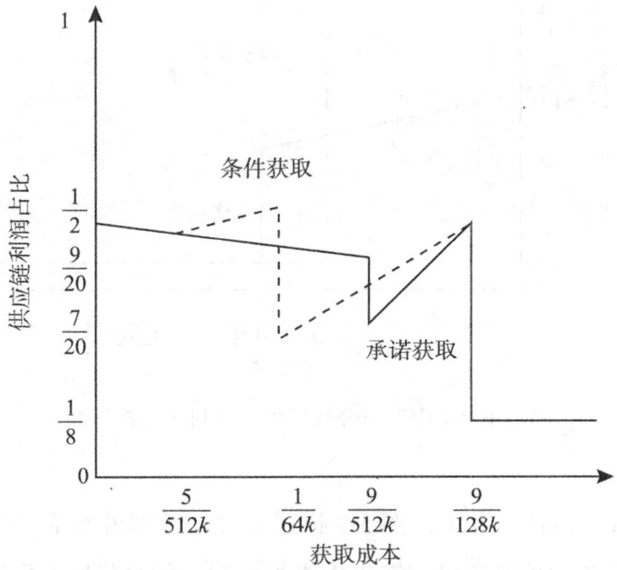

图 3-8　分散型与集中型供应链利润占比分析

可以看到，在承诺获取策略下分散型供应链的质量提升水平占集中型比率为2/5~1/2；而条件获取策略下分散型供应链的质量提升水平占集中型比例为2/5~4/5。从供应链利润比率来看，在承诺获取策略下分散型供应链的质量提升水平占集中型比率为1/8~1/2；而条件获取策略下分散型供应链的质量提升水平占集中型比例为7/20~1/2。由此可见，双重边际效益极大地伤害了供应链整体的收益，而条件获取策略则可以在一定程度上缓解这一问题，进而提升供应链的整体收益。因此，如何找到有效提升供应链协同运作水平的合作机制至关重要。

3.5 响应型质量提升

本节在上述模型基础上，延伸一种可替代的质量提升方法——响应型质量提升。响应型质量提升是指制造商能在确认消费者偏好之后调整产品质量水平。

在上一节中，假定制造商必须在确定市场需求信息前决定质量投资水平，即使零售商承诺采取信息获取行为。这种设定与现实一致，这是因为，一般情况下，质量提升过程十分漫长，制造商需要在掌握真实的消费者偏好前开始生产过程。尽管如此，随着生产灵活性技术的发展，目前有一些行业制造商能够在短期内调整产品质量。因此，这使本章假定的制造商在通过零售商信息获取行为确定消费者偏好后决定质量水平的模型设计具有现实意义。在这种情境下，本章将制造商质量投资的决策过程定义为响应型质量提升战略。之后，本章研究在制造商观察到零售商消费者信息获取后决定质量水平情境下的企业均衡收益。

响应型质量提升时间序列如图3-9所示，与承诺获取策略的区别在于，制造商在零售商信息获取和消费者偏好确认后延迟做出质量投资决策。与此同时，假设如果制造商选择响应型质量提升，其会产生一个关于质量水平 q 的质量调整成本 $\hat{c}(q)=\alpha kq^2/2$。因此，α 代表成本效率系数，$\alpha>1$ 是指制造商在采取响应型质量提升策略时需要花费比基础模型更多的费用。与传统生产流程相比，上述成本公式设计较为恰当。因为响应型质量提升不仅能够要求企业适当地调整质量水平，同时也会产生更高的生产成本。接下来的命题为描述企业的均衡信息获取和响应型质量提升决策。

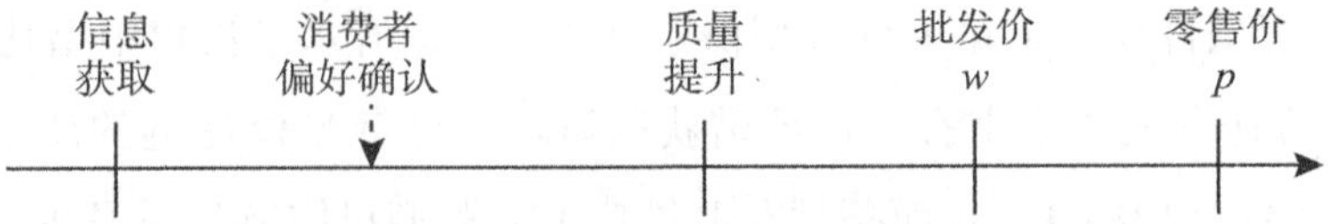

图 3-9　响应型质量提升的时间轴

命题 3. 4　在响应型质量提升模型下，当 $c \leqslant \dfrac{17-8\alpha}{256\alpha k}$ 时，零售商采取信息获取，在此种条件下 $\hat{q}_H{}^* = \dfrac{1}{2\alpha k}$，$\hat{q}_L{}^* = \dfrac{1}{8\alpha k}$，$\hat{\pi}_r{}^* = \dfrac{17}{256\alpha k} - c$，$\hat{\pi}_m{}^* = \dfrac{17}{256\alpha k}$；否则，零售商不进行信息获取，其中 $\hat{q}^* = \dfrac{1}{4k}$，$\hat{\pi}_r{}^* = \hat{\pi}_m{}^* = \dfrac{1}{32k}$。

证明：在响应型质量提升模型下，假设零售商进行信息获取，最优价格决策当 $\theta = \theta_H$ 时，$\hat{w}(q) = q$ 和 $\hat{p}(q) = \dfrac{3}{2}q$；当 $\theta = \theta_L$ 时，$\hat{p}(q) = \dfrac{3}{4}q$。考虑这些最优决策的同时确认消费者偏好，供应商将选择最优质量提升水平来获取最大化利润公式分别为：$\max \hat{\pi}_m^A(q;\ \theta_H) = \dfrac{q}{2} - \dfrac{\alpha k q^2}{2}$ 和 $\max \hat{\pi}_m^A(q;\ \theta_H) = \dfrac{q}{8} - \dfrac{\alpha k q^2}{2}$，产生最优质量提升水平 $\hat{q}_H = \dfrac{1}{2\alpha k}$ 和 $\hat{q}_L = \dfrac{1}{8\alpha k}$。基于最优决策，零售商和制造商在信息获取下的最大利润分别为 $\hat{\pi}_r^A = \dfrac{17}{256\alpha k} - c$ 和 $\hat{\pi}_m^A = \dfrac{17}{256\alpha k}$。当零售商不进行信息获取，零售商的收益仍为 $\hat{\pi}_r^N = \dfrac{1}{32k}$。均衡状态下，当 $c \leqslant \dfrac{17-8\alpha}{256\alpha k}$ 时，零售商获取信息；否则，其对于信息获取和不获取无所谓。

与承诺获取策略相比，可以看到，由于制造商是在掌握到消费者的真实偏好后才做质量决策，因此均衡质量水平随着消费者偏好的差异而不同。这种使制造商基于零售商信息获取行为能更好地制定其质量提升策略的效果，被称为信息获取的指导效用。

另一个区别是，即使零售商的信息获取决策仍然存在一个切割条件，这样的决策方式将被成本效率系数 α 高度影响，特别是当 α 相对较低且属于区间 $\left(1,\ \frac{34}{25}\right)$，相较于承诺获取策略零售商具有更大的动机进行信息获取；相反，当 α 增高至区间 $\left(\frac{34}{25},\ \frac{17}{8}\right)$ 时，与承诺获取策略相比，零售商不太愿意采取信息获取行为。正如之前提到的，由于更精准的质量提升策略能使供应链企业双方获得更多的消费者剩余，因此信息获取的指导效用毫无疑问将对零售商和制造商都有利。只要质量提升的成本不太高，响应型质量提升模式就能促进零售商更频繁进行信息获取（当 α 相对较低时）。但是，当响应型质量提升模式需要支付相当昂贵的成本时（当成本效率系数 α 足够高时），响应型质量提升，将使制造商在质量投资上变得保守，从而阻止零售商进行信息获取。

推论 3.4 响应型质量提升模型和上述承诺获取和条件获取策略相比较：

（1）当 $1 < \alpha \leqslant \frac{34}{25}$，当 $\frac{17}{1280\alpha k} < c \leqslant \frac{1}{64k}$ 时，零售商偏好条件获取策略，当 $c \leqslant \frac{17}{1280\alpha k}$ 或 $\frac{1}{64k} < c \leqslant \frac{17-8\alpha}{256\alpha k}$ 时，零售商偏好响应型质量提升模型；当 $c \leqslant \frac{17-8\alpha}{256\alpha k}$ 时，制造商以及供应链偏好响应型质量提升模型。当 $c > \frac{17-8\alpha}{256\alpha k}$ 时，供应链及其企业对响应型质量提升和条件获取策略保持中立。

（2）$\alpha > \frac{34}{25}$，响应型质量提升模型对于制造商和零售商来说都不是偏好的选项。

证明：在承诺获取策略下，$\hat{\pi}_r^* - \pi_r^* = \hat{\pi}_m^* - \pi_m^* = \frac{17}{256\alpha k} - \frac{25}{512k} > 0$，得到 $\alpha < \frac{34}{25}$。当 $\alpha \leqslant \frac{34}{25}$ 时，$\frac{17-8\alpha}{256\alpha k} > \frac{9}{512k}$。因此，当 $\alpha \leqslant \frac{34}{25}$ 时，相比承诺获取模型，零售商和制造商都偏好响应型质量提升模型；否则，企业双方偏好基础模型中的承诺获取模型。接下来研究：①当 $\alpha \leqslant \frac{34}{25}$ 时，只需要比较及时响应型质量提升模型与条件获取模型。(a) 当 $c \leqslant \frac{5}{512k}$ 时，$\hat{\pi}_r^* - \pi_r^\# = \hat{\pi}_m^* - \pi_m^\# = \frac{17}{256\alpha k} -$

$\frac{25}{512k} > 0$；（b）当 $\frac{5}{512k} < c \leqslant \frac{1}{64k}$ 时，$\hat{\pi}_r^* - \pi_r^\# = \frac{17}{256\alpha k} - 5c \geqslant 0$，得到 $c \leqslant \frac{17}{1280\alpha k}$，$\hat{\pi}_m^* - \pi_m^\# = \frac{17}{256\alpha k} + 2c(256ck - 5) \geqslant 0$，$(\hat{\pi}_r^* + \hat{\pi}_m^*) - (\pi_r^\# + \pi_m^\#) = \frac{17}{128\alpha k} - 15c + 512c^k > 0$；（c）当 $\frac{1}{64k} < c \leqslant \frac{17 - 8\alpha}{256\alpha k}$ 时，$\hat{\pi}_r^* - \pi_r^\# = \frac{17 - 8\alpha}{256\alpha k} - c \geqslant 0$，$\hat{\pi}_m^* - \pi_m^\# = \frac{17 - 8\alpha}{256\alpha k} > 0$；（d）当 $c > \frac{17 - 8\alpha}{256\alpha k}$ 时，$\hat{\pi}_r^* = \pi_r^\#$，$\hat{\pi}_m^* = \pi_m^\#$。②当 $\alpha > \frac{34}{25}$ 时，只需要比较承诺获取策略与条件获取策略。结果与命题 3. 3 一致。

推论 3. 4 检验了承诺获取策略、条件获取策略和响应型质量提升模型中哪一个能为制造商和零售商或是整个供应链带来更多的收入。图 3-10 说明显示当成本系数 α 超出阈值时，任何企业都不偏好响应型质量提升模型。但是，当成本系数 α 低于阈值时，零售商在信息获取成本高或低时偏好响应型质量提升模型；当信息获取成本在中间范围时，零售商偏好条件获取策略。不同的是，制造商和供应链在 $c \leqslant \frac{17 - 8\alpha}{256\alpha k}$ 时将受益于响应型质量提模型，这是由于上述响应型质量提升所涉及的两类冲突营销导致的。一方面，响应型质量提升使制造商根据掌握的消费者偏好来设置合适的质量提升水平；另一方面，这种响应后的质量提升将增

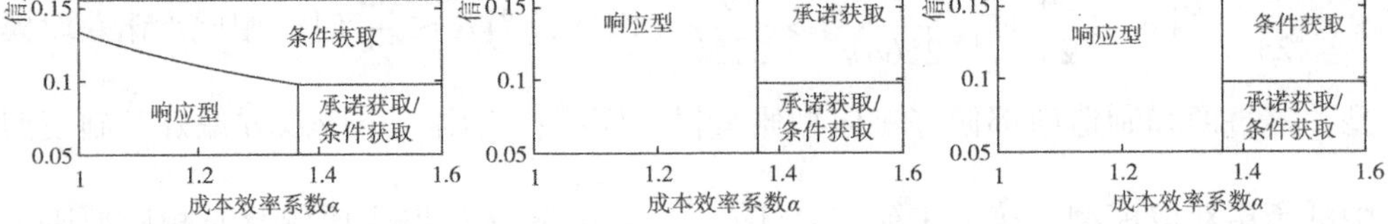

图 3-10　零售商、制造商和供应链的策略偏好

加制造商的成本。这两类冲突影响联合决定了响应型质量提升策略对制造商以及供应链的有效区间。

3.6 本章小结

本章研究了分散型供应链中供应商质量提升和零售商信息获取策略的交互作用。在此条件下，消费者偏好对于供应商和零售商来说都不确定，但能通过零售商的信息获取行为实现。本章在考虑供应商质量提升过程时，根据信息获取决策时点研究两种策略：承诺获取策略和条件获取策略。在承诺获取策略中，零售商在供应商决定产品质量之前承诺是否进行信息获取。在条件获取策略中，零售商在观察到供应商的质量提升过程之后决定是否采取信息获取。本章通过逆向归纳法，得到两种策略下企业的均衡质量提升、信息获取和价格策略，并分别检验上述策略是如何影响企业利润的，研究结果如下：

（1）从制造商和零售商双方企业观点看，制造商始终偏好承诺获取策略，零售商对于承诺获取和条件获取策略偏好根据获取成本 c 大小出现不一致。当信息获取成本 c 较小时，零售商偏好条件获取；当 c 较大时，零售商反而偏好承诺获取。这是由于对零售商而言，当信息获取成本 c 较小时，条件获取能使制造商在质量提升上过度投资，弥补零售商在信息获取上的成本投入。但是，当信息获取成本持续升高时，条件获取反而会阻止制造商投资质量提升，从而阻止零售商进行信息获取。相较而言，承诺获取使制造商具有后动优势，能有效防范为了促进零售商进行信息获取的过度质量投资，对制造商而言，比条件获取更有利。

（2）集中型供应链绩效优于分散型供应链绩效。当信息获取成本偏低时，不同于分散型供应链中，条件获取策略阻碍企业双方信息获取和质量提升动机从而降低供应链绩效，在集中型供应链中，条件获取策略能带来更高的供应链绩效。分散型供应链中，条件获取策略能提升供应链的整体利润。这是因为，在分散型供应链中受限于双重边际效应，均衡质量提升水平要大幅低于集中供应链中的最优值，而条件获取策略带来的超额质量投入缩小了分散型和集中型供应链的质量差距。但是，当信息获取成本较高时，供应链收益在承诺获取策略下更为有利。

（3）在响应型质量提升模型中，由于制造商在获得消费者偏好后短期内需要提升产品质量将产生一个质量调整成本，当信息获取成本和质量提升成本系数偏低时，制造商和供应链将受益于响应型质量提升模型；否则，响应型质量提升模型将不受任何企业欢迎。这是因为，响应型质量提升模型对制造商来说，将产生两类冲突影响，一方面，使制造商根据掌握的消费者偏好设定产品质量；另一方面，质量提升产生过高的成本也将阻止其接纳该种模型。

综上所述，可以看到在承诺获取策略下，当信息获取成本不太高时，供应商和零售商更有意愿采取相应的策略（如质量提升和信息获取）；相反，条件获取将减弱零售商采取信息获取的动机，但却带来供应商方面的额外质量增加。结合这些冲突影响，本章表明在均衡状态下，供应商总是在承诺获取策略下更为有利。但是，零售商在信息获取成本下降到中间范围时，偏好条件获取策略。供应链整体根据信息获取成本和质量提升成本之间的平衡，在不同策略下都能受益。本章延展研究了在哪种条件下供应商能够采用响应型质量提升策略，研究结果表明，信息获取时点的影响效果在新模型下与基础模型保持一致。

本章也有一些局限性。首先，在基础模型中假设零售商不能向供应商隐瞒其私自观察到的需求信息，这与信息披露理论一致，但是，如果制造商能设计策略菜单来甄别零售商的私有消费信息，研究起来也许更加有趣。其次，书中设置质量提升过程确定，因此制造商总能达到其投资质量水平的意愿。但在现实条件下，生产过程将包含一些不确定因素来影响最终质量水平。因此，生产不确定性如何影响企业均衡战略的问题值得继续研究。

第4章　成本共担机制下产品质量和市场需求提升策略研究

前述两章分析的是制造商和零售商交互领域信息不对称问题，分别从制造商质量提升和零售商销售努力以及制造商质量提升和零售商信息获取两大方面进行研究，建立了不同策略下的销售利润模型；通过逆向归纳方法，研究了不同利益主体间（制造商、零售商以及供应链）对于不同策略模式（事前承诺与事后承诺策略，承诺获取和条件获取策略）的偏好和决策，分析了产生不同偏好决策的原因。本章将在上述两类信息不对称模型中引入成本共担机制，研究供应链协同问题。首先，在考虑质量提升的零售商销售努力承诺策略基础上，引入成本共担机制，研究由制造商承担部分销售努力成本的供应链协同问题。其次，研究信息获取成本共担机制，在第4章考虑制造商质量提升的零售商信息获取策略下引入成本共担机制，由制造商在企业双方做出质量和信息获取决策之前决策承担一定比率的零售商信息获取成本。本研究充分证明了引入成本共担机制能有效加强供应链协同，提升制造商以及供应链的整体绩效。但是，有且仅当成本共担比率在一定范围时，才对制造商以及供应链整体绩效有利。

4.1　问题产生背景

随着市场竞争的加剧，供应链面临着需求不确定、价格波动等因素，带来了市场不确定性和风险。同时，分散型供应链中的制造商、零售商作为不同的利益共同体，分别追求各自的利益最大化，给处于市场不确定风险下的供应链带来危机。为此，解决需求不确定下供应链决策问题，加强供应链成员间协同发展，最大限度提升供应链的整体效率，成为供应链发展研究的重点。为适应日趋激烈的市场竞争，以供应链协同为基础的企业同盟应运而生。Weng（1995）指出，企业间采用专门的协作机制能促使企业间单独决策接近于整合时系统的最优水平。Lee和Tang（2000）通过比较两阶段供应链在信息共享和信息不共享状态下供应链的收益，得到供应链在信息共享状态下收益较高的结论。Gavirneni（1999）分析了信息不共享、供应商掌握零售商策略以及信息完全共享三种情况，指出信息完全共享能最大程度使供应链受益。陈安和刘鲁（2000）指出，供应链成员间达到双优的必要条件为约束合同、信息共享和企业的高敏感度。

供应链成本分担机制是实现供应链协同的重要策略之一。由于溢出效应的存在，制造商和零售商作为供应链中的成员，制造商在产品质量方面的研发投资，零售商在销售努力和信息获取方面的投资，使自己受益的同时，也能大幅惠及供应链中的其他合作伙伴。这种单个企业的投资研发活动使供应链其他成员受益，从一定程度上也将削弱企业的投资动机。由此可见，供应链合作伙伴间引入成本分担机制不仅能缓解投资方的成本压力，降低投资风险，更能有效促进对方进行研发活动投资的积极性。Banerjee和Lin（2001）首次构建了成本分担模型，在一个上、下游双层市场结构中，将供应链的利润占比作为企业间成本分担比率研究供应链的收益变化。牛海鹏和艾凤义（2004），艾凤义和侯光明（2004）以及王秋菲和李凯（2007）等在Banerjee和Lin（2001）模型基础上进行补充，探讨了供应链中上、下游间收益分配模式和成本分担机制。Ma等（2013）研究了制造商和零售商两级供应链中制造商和零售商努力成本分担问题，得到结论：单凭两部分关税合约并不能协调和改善供应链绩效，而将两部分关税合约与质量努力成本分摊相结合进行策略设计，由制造商共担营销努力的成本，零售商共担质量努力的成本，这种合约对协调供应链和显著提高供应链利润有效。黄波等（2008）在研究供应链合作研发及投资策略基础上提出了两种成本分担机制对供应链利润和消费者剩余的影响。黄敏镁（2010）研究了供应商和制造商间协同产品研发的合作机制，得到合理的成本分担机制能帮助供应链企业实现共赢的结论。因此，为解决供应链中制造商、零售商作为不同的利益共同体，分别追求各自的利益最大化的问题，供应链企业间合同机制的研究日益受到重视。

在供应链中，零售商对销售门店或市场营销活动的投资不仅能提升自身营销业绩，也能使制造商产品品牌和销量大幅收益。为此，制造商为了强化零售商销售努力的动机，最大化自身利益，通过引入成本共担机制分担零售商销售努力成本。零售商通过产品投放广告、陈列、销售指引等销售努力行为提升营销业绩，制造商也可以采取广告投放、产品质量贴标、产品展示等方式提升产品价值。制造商的这些行为使产品对消费者而言更具有吸引力，可以视为制造商对销售努力的投资。例如，苹果公司在高档商业区开设苹果体验店，吸引消费者关注和了解产品，对经销商销售苹果产品产生促进作用。

零售商获取市场信息方面的投资能使其制定行之有效的营销决策，实施更为精准的营销。同时，零售商将获取的信息分享给制造商，也能使制造商掌握需求提升质量水平，使供应链企业双方都能受益。为此，制造商希望促进零售商信息获取来强化产品设计的市场定位，并提升效益。在质量提升基础上，引入成本共担机制，分担零售商信息获取成本是强化零售商信息获取动机，实现供应链协同发展的重要策略。例如，美国超过60%的零售商分享消费者信息给供应商，供应商则帮助分销商建立 RFID 电子收集装置。

本章将研究两类供应链成本共担模型。一是销售努力成本共担模型。在零售商销售努力方面引入成本共担机制，由制造商分担零售商销售努力成本。二是信息获取成本共担模型。在信息获取方面引入成本共担机制，由制造商分担零售商信息获取成本。销售努力成本共担模型中，将在第 3 章基础上研究事前承诺和事后承诺策略下，引入成本共担机制后，制造商决策以及供应链企业的效益变化。信息获取成本分担模型下，在第 4 章条件获取策略和承诺获取策略基础上引入成本共担机制，研究制造商决策以及供应链企业的效益变化。

制造商质量提升和零售商销售努力成本共担策略以及制造商质量提升和零售商信息获取的成本共担策略是在双边信息不确定情况下，引入成本共担机制强化需求协同的行为。这种成本共担策略，不仅可以缓解下游零售商进行销售投入和信息获取的资金压力，降低投入风险，更有利于提高零售商进行需求提升活动的积极性，并有效消除销售努力和信息获取的溢出效应，同时，对于上游制造商自身来说，也是共享销售努力和信息获取成果的有效方式。此外，在零售商和制造商交互作用的顺序决策中引入成本共担机制的研究较少，故具有研究价值。

研究证明，成本分担机制能够提升制造商和零售商以及整个供应链的效益，有效促进供应链协同发展。在销售努力成本共担模型下，研究证明，事后承诺模型中成本共担机制在一定条件下能改进企业收益，制造商成本分担比率在中间范围时存在帕累托改进区间，在区间内能有效促进其自身效益和供应链整体效益的提升。在信息获取成本共担模型下，引入成本共担机制后，制造商通过质量提升对零售商信息获取行为的促进作用进一步扩大，在更大的信息获取成本区间内，零售商愿意进行信息获取。但是，不论是在销售努力成本共担还是信息获取成本共担模型下，成本分担比率只有在特定范围时才能改进供应链的效率。接下来，本章将通过成本共担模型研究在事前承诺策略和事后承诺策略下成本共担机制是如何影响企业均衡决策和利润的。

4.2 模型构建

4.2.1 制造商销售努力成本共担模型

引入供应链中的成本共担机制，建立制造商参与销售努力的成本共担模型。制造商在零售商做出销售努力决策前需要提前向其承诺承担销售努力成本比率 $\lambda \in (0, 1)$。其他假设条件与第 3、第 4 章基础模型一致，如图 4-1 所示。

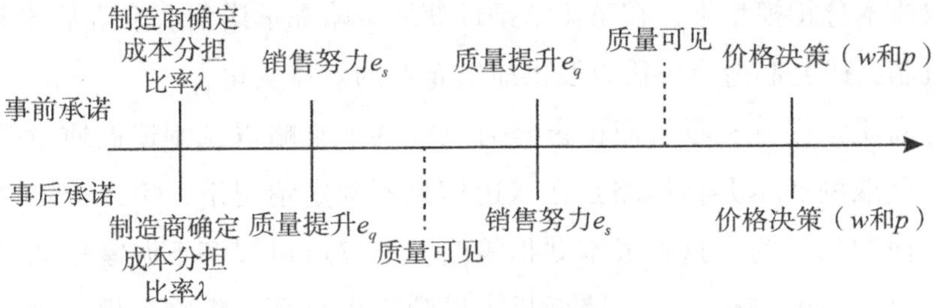

图 4-1　成本共担机制下事前和事后承诺模型

成本共担模型中，事前承诺策略下企业双方利润为：

$$E\Pi_m^{ea\lambda}=\frac{e_s(1+e_q)\mu}{8}-\frac{1}{2}k_m e_q^2-\frac{\lambda}{2}k_r e_s^2$$

$$E\Pi_r^{ea\lambda}=\frac{e_s(1+e_q)\mu}{16}-\frac{1-\lambda}{2}k_r e_s^2 \quad (4\text{-}1)$$

可以看出，当 $\lambda=0$ 时，该模型将演化基础策略模型。运用用逆向归纳法，得到制造商、零售商以及供应链的均衡战略和利润，见表4-1。

表4-1　　事前承诺策略成本共担机制下的企业收益

	e_q	e_s	利润
制造商（M）	$\frac{\mu^2}{2[64(1-\lambda)k_m k_r-\mu^2]}$	—	$\frac{k_m\mu^2(256k_m k_r-320\lambda k_m k_r-3\mu^2)}{8[64(1-\lambda)k_m k_r-\mu^2]^2}$
零售商（R）	—	$\frac{4k_m\mu}{64(1-\lambda)k_m k_r-\mu^2}$	$\frac{k_m\mu^2}{8[64(1-\lambda)k_m k_r-\mu^2]}$
供应链（S）	—	—	$\frac{k_m\mu^2(80k_m k_r-96\lambda k_m k_r-\mu^2)}{8[64(1-\lambda)k_m k_r-\mu^2]^2}$

事后承诺策略成本共担模型。在成本共担机制下企业利润为：

$$E\Pi_m^{eq\lambda}=E\left(\frac{e_s q}{8}-\frac{1}{2}k_m e_q^2-\frac{\lambda}{2}k_s e_s^2\right)$$

$$E\Pi_r^{eq\lambda}=\frac{e_s(1+e_q)\mu}{16}-\frac{1-\lambda}{2}k_r e_s^2 \quad (4\text{-}2)$$

企业的均衡利润见表4-2，可得到在事后承诺成本共担模型下制造商、零售商和供应链的利润。

表4-2　　事后承诺策略下采用成本共担机制的企业利润

	e_q	e_s	π
制造商（M）	$(4-5\lambda)(\mu^2+\sigma^2)$ □	—	$\frac{(4-5\lambda)k_m(\mu^2+\sigma^2)}{2}$□

续表

	e_q	e_s	π
零售商（R）	—	$16(1-\lambda)k_m\mu\square$	$128(1-\lambda)^3k_m^2k_r(\mu^2+\sigma^2)\square^2$
供应链（S）	—	—	$\frac{(4-5\lambda)k_m(\mu^2+\sigma^2)}{2}\square+128(1-\lambda)^3k_m^2k_r(\mu^2+\sigma^2)\square^2$

注：$\square=\dfrac{1}{256(1-\lambda)^2k_mk_r-(4-5\lambda)(\mu^2+\sigma^2)}$

4.2.2　制造商信息获取成本共担模型

第 4 章的基础模型是基于零售商单独承担信息获取成本。本节将扩展研究制造商和零售商共担信息获取成本的情况。假定制造商需要在零售商进行信息获取之前提前承诺信息获取成本共担比率 $\lambda\in[0,1]$，其他假设与第 4 章基础模型一致。本节研究成本共担机制在承诺获取和条件获取策略下是如何分别影响企业均衡决策和利润水平的。其决策顺序如图 4-2 所示。

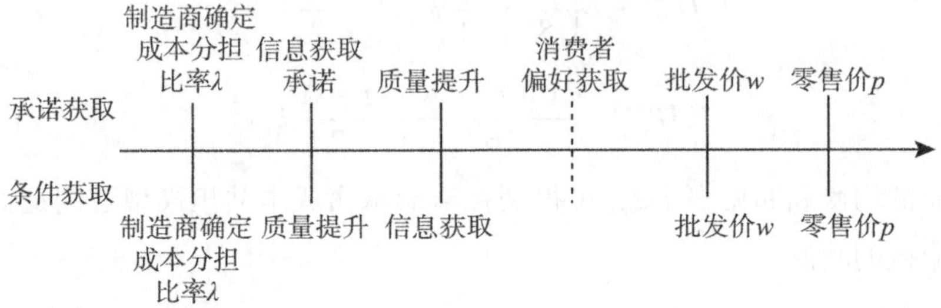

图 4-2　成本共担机制下承诺和条件获取模型

在承诺获取情境下，如果零售商不进行信息获取，零售商和制造商的利润函数与基础模型一致。但是，当零售商进行信息获取时，对于给定的产品质量 q，零售商和制造商的利润函数如下：

$$\begin{cases}\theta=\theta_H: \pi_r^A(p)=(p-w)\left(2-\dfrac{p}{q}\right)-(1-\lambda)c \\ \pi_m^A(w)=w\left(2-\dfrac{p}{q}\right)-\dfrac{kq^2}{2}-\lambda c\end{cases} \tag{4-3}$$

$$\begin{cases}\theta=\theta_L: \pi_r^A(p)=(p-w)\left(1-\dfrac{p}{q}\right)-(1-\lambda)c \\ \pi_m^A(w)=w\left(1-\dfrac{p}{q}\right)-\dfrac{kq^2}{2}-\lambda c\end{cases} \tag{4-4}$$

可以表明的是，当 $\lambda=0$ 时，制造商不承担信息获取成本，模型变为基础模型。除了质量提升，信息获取成本分担可被视为制造商促进零售商采取信息获取行为的策略。

同样条件获取策略基础模型与承诺获取一致，需要验证制造商承诺成本共担比率能促进零售商采取信息获取行为，从而最大化其利润水平。

4.3 制造商决策成本共担比例

4.3.1 销售努力成本共担

事前承诺策略下，为避免负面投资，限制成本共担机制下制造商的事前承诺利润 $\dfrac{\mu^2}{2[64(1-\lambda)k_m k_r-\mu^2]}>0$，得到 $\lambda<1-\dfrac{\mu^2}{64k_m k_r}$。观察表 4-1 和表 3-1 事前承诺成本共担以及不存在成本共担机制时制造商利润的区别为：

$$H=\frac{k_m\mu^2(256k_m k_r-320\lambda k_m k_r-3\mu^2)}{8[64(1-\lambda)k_m k_r-\mu^2]^2}-\frac{k_m\mu^2}{8(64k_m k_r-\mu^2)}\left[\frac{\mu^2}{(64k_m k_r-\mu^2)}+4\right]$$

为使 $H>0$，得到 $\lambda<\dfrac{192k_m k_r-\mu^2}{256k_m k_r-3\mu^2}\left(1-\dfrac{\mu^2}{64k_m k_r}\right)$。将上述不等式与 $\lambda<1-\dfrac{\mu^2}{64k_m k_r}$ 联立，得到 $\bar{\lambda}=\min\left\{1,\dfrac{192k_m k_r-\mu^2}{256k_m k_r-3\mu^2}\right\}\left(1-\dfrac{\mu^2}{64k_m k_r}\right)$。

命题 4.1　考虑成本共担机制，在事前承诺策略下的帕累托改进区间是 $(0,\ \bar{\lambda})$，其中 $\bar{\lambda}=\min\left\{1,\ \dfrac{192k_m k_r-\mu^2}{256k_m k_r-3\mu^2}\right\}\left(1-\dfrac{\mu^2}{64k_m k_r}\right)$。成本分担比率 $\lambda\in(0,\ \bar{\lambda})$ 能增加制造商利润，促使制造商引入成本共担机制承担零售商销售努力成本。

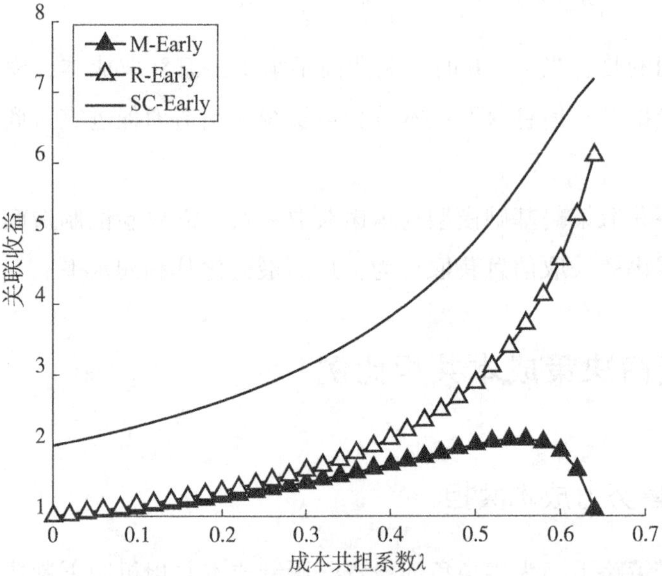

图 4-3　事前承诺策略下成本共担机制对企业利润的影响

在事前承诺策略下成本共担机制的影响如图 4-3 所示，该图清晰表明了零售商利润受益于成本共担，因其期望收益随着 λ 单调递增。然而，制造商利润随着 λ 先递增，后递减。这是由成本共担中两类相互冲突的影响导致。较高成本共担系数 λ 不仅能促使零售商加大投资惠及制造商，也能增加制造商的投资成本。因此，上述结论得到事前承诺模型下供应链企业双方的帕累托区间 $(0,\ \bar{\lambda})$。下面探讨成本共担机制对事后承诺模型下企业收益影响。

命题 4.2　采用成本共担机制，事后承诺策略下的帕累托区间为 $(0,\ \tilde{\lambda})$，其中，$\tilde{\lambda}=\begin{cases}\frac{3}{4}, & \frac{\mu^2+\sigma^2}{64k_mk_r}<\frac{16}{25}\\ 1-\frac{5(\mu^2+\sigma^2)}{512k_mk_r}-\frac{5}{8}\sqrt{\frac{\mu^2+\sigma^2}{64k_mk_r}\left(\frac{\mu^2+\sigma^2}{64k_mk_r}-\frac{15}{26}\right)}, & 其他\end{cases}$

证明：为了避免负面投资，这里存在限制：当 $\frac{16}{25}<\frac{\mu^2+\sigma^2}{64k_mk_r}<1$ 时，$\frac{(4-5\lambda)k_m(\mu^2+\sigma^2)}{256(1-\lambda)^2k_mk_r-(4-5\lambda)(\mu^2+\sigma^2)}>0\rightarrow\lambda<1-\frac{5(\mu^2+\sigma^2)}{512k_mk_r}-\frac{5}{8}\sqrt{\frac{\mu^2+\sigma^2}{64k_mk_r}\left(\frac{\mu^2+\sigma^2}{64k_mk_r}-\frac{15}{26}\right)}$，$\lambda<\frac{4}{5}$。观察表4-2和表4-1存在成本共担以及不存在成本共担机制时事后承诺模式下制造商利润的区别为：$H=\frac{(4-5\lambda)(\mu^2+\sigma^2)}{256(1-\lambda)^2k_mk_r-(4-5\lambda)(\mu^2+\sigma^2)}-\frac{(\mu^2+\sigma^2)}{64k_mk_r-(\mu^2+\sigma^2)}$。为使 $H>0$，$\lambda<\frac{3}{4}$ 条件联立，因此成本分担比率 $\lambda\in(0,\tilde{\lambda})$ 能增加制造商利润，其中当 $\frac{\mu^2+\sigma^2}{64k_mk_r}<\frac{16}{25}$ 时，$\tilde{\lambda}=\frac{3}{4}$；当 $\frac{16}{25}<\frac{\mu^2+\sigma^2}{64k_mk_r}<1$，$\tilde{\lambda}=1-\frac{5(\mu^2+\sigma^2)}{512k_mk_r}-\frac{5}{8}\sqrt{\frac{\mu^2+\sigma^2}{64k_mk_r}\left(\frac{\mu^2+\sigma^2}{64k_mk_r}-\frac{15}{26}\right)}$。

对零售商来说，在事后承诺策略下，零售商利润不再随着成本共担比率单调递增，而是随着成本共担比率先递增后递减。成本共担机制下的帕累托区间为 $(0,\tilde{\lambda})$。图4-4说明的是成本共担比率 λ 的关联利润变化。与基础策略相似的是，当质量不稳定性较低时，制造商偏好事前承诺，但当质量不稳定性较高时，制造商偏好事后承诺。

4.3.2 信息获取成本共担机制

假设制造商设置成本共担比率 λ，如果零售商进行信息获取，零售商和制造商的收益公式分别为 $\pi_r^A=\frac{25}{512k}-(1-\lambda)c$ 和 $\pi_m^A=\frac{25}{512k}-\lambda c$；但当零售商不进行

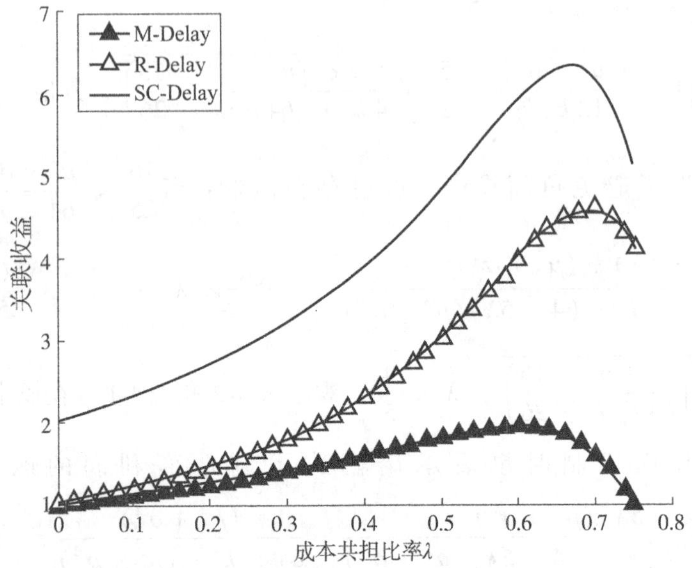

图 4-4　事后承诺策略下成本共担机制对企业利润的影响

信息获取时，零售商和制造商的收益为 $\pi_r^A = \pi_m^A = \frac{1}{32k}$。为了促进零售商进行信息获取，最优成本共担比率求解过程如下：

$$\max_{\lambda[0,\ 1]} \pi_m^A(\lambda) = \frac{25}{512k} - \lambda c$$

$$\text{s. t. } \frac{25}{512k} - \lambda c \geqslant \frac{1}{32k}$$

$$\frac{25}{512k} - (1 - \lambda)c \geqslant \frac{1}{32k}$$

上述限制条件表明引入成本共担机制后，制造商和零售商双方都愿意采取信息获取的行为。上述限制条件简化为 $1 - \frac{9}{512ck} \leqslant \tilde{\lambda}^* \leqslant \frac{9}{512ck}$，得到 $\pi_m^A(\lambda)$ 随着 λ 单调递减。因此，当 $c \leqslant \frac{9}{512ck}$ 时，$\tilde{\lambda}^* = 0$；当 $\frac{9}{512ck} < c \leqslant \frac{9}{256ck}$ 时，$\tilde{\lambda}^* = 1 - \frac{9}{512ck}$；当 $c > \frac{9}{256ck}$ 时，上述公式没有可行解，因此在这种状态下，制造商将促

进零售商不去获取信息。采取与基础模型求解类似的逆向归纳法得到企业的均衡决策和利润水平如下：

命题 4.3　引入成本共担机制后承诺信息获取均衡状态为：

（1）当 $c \leqslant \frac{9}{512k}$ 时，零售商获取市场信息，制造商决策产品质量和成本共担比率为 $\tilde{q}^* = \frac{5}{16k}$，$\tilde{\lambda}^* = 0$，在此条件下，$\tilde{\pi}_r^* = \frac{25}{512k} - c$，$\tilde{\pi}_m^* = \frac{25}{512k}$；

（2）当 $\frac{9}{512k} < c \leqslant \frac{9}{256k}$ 时，零售商进行信息获取，制造商决策产品质量和成本分担比率为 $\tilde{q}^* = \frac{5}{16k}$，$\tilde{\lambda}^* = 1 - \frac{9}{512ck}$，在此条件下，$\tilde{\pi}_r^* = \frac{1}{32k}$，$\tilde{\pi}_m^* = \frac{17}{256k} - c$；

（3）当 $c > \frac{9}{256k}$ 时，零售商不采取信息获取，制造商决策产品质量和成本分担比率为 $\tilde{q}^* = \frac{1}{4k}$，$\lambda^* = 0$，在此条件下，$\tilde{\pi}_r^* = \tilde{\pi}_m^* = \frac{1}{32k}$。

命题 4.3 表明，当信息获取成本很低时，如 $c \leqslant \frac{9}{512k}$，制造商不承担信息获取成本。这是因为，假设零售商具备信息获取的内在偏好，同时信息获取成本较低，制造商不需要承担额外的信息获取成本。但是，当信息获取成本增加至 $\frac{9}{512k} < c \leqslant \frac{9}{256k}$，如果制造商不承担一定比率的信息获取成本，零售商将不进行信息获取。为此，制造商将选择承担较低比率的信息获取成本，使零售商继续采取信息获取行为。当信息获取成本较高时，如 $c > \frac{9}{256k}$，通过部分承担信息获取成本刺激零售商采取信息获取，对制造商来说没有效益。因此，制造商放弃成本共担策略，而零售商改变信息获取策略。然而，在此策略下，制造商能通过成本共担机制促进零售商进行信息获取，更重要的是，制造商能选择最低的成本共担比率，使零售商在信息获取和不信息获取行为下利润一致。

因此，如图 4-5 所示，引入成本共担比率后零售商的收益与未引入状态一致，而制造商收益无疑高于未引入成本共担比率中承诺获取模型状态。

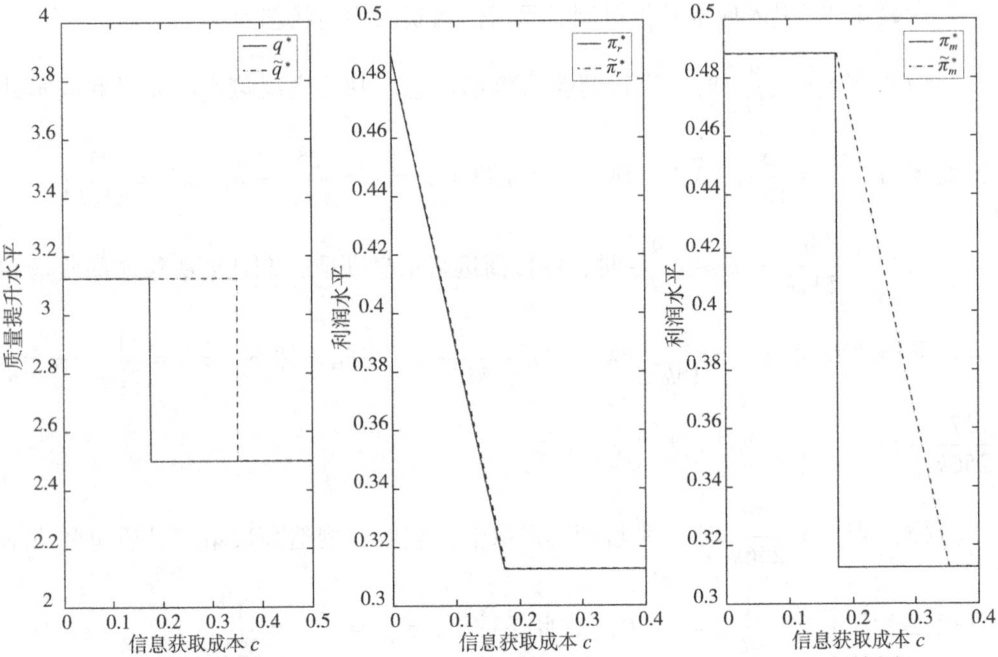

（a）承诺获取　（b）零售商　（c）制造商

图 4-5　承诺获取策略下引入成本共担机制前后均衡质量和利润水平比较

命题 4.4　引入成本共担机制后条件信息获取均衡状态为：

（1）当 $c \leqslant \frac{5}{512k}$ 时，零售商进行信息获取，制造商决策产品质量和成本分担比率为 $\tilde{q}^{\#} = \frac{5}{16k}$，$\tilde{\lambda}^{\#} = 0$，在此条件下，$\tilde{\pi}_r^{\#} = \frac{25}{512k} - c$，$\tilde{\pi}_m^{\#} = \frac{25}{512k}$；

（2）当 $\frac{5}{512k} < c \leqslant \frac{11}{1024k}$ 时，零售商进行信息获取，制造商决策产品质量和成本分担比率为 $\tilde{q}^{\#} = 32c$，$\tilde{\lambda}^{\#} = 0$，在此条件下，$\tilde{\pi}_r^{\#} = 4c$，$\tilde{\pi}_m^{\#} = 2c(5 - 256ck)$；

（3）当 $\frac{11}{1024k} < c \leqslant \frac{57}{2048k}$ 时，零售商采取信息获取，制造商决策产品质量

和成本分担比率为 $\tilde{q}^{\#}=\frac{11}{32k}$，$\tilde{\lambda}^{\#}=1-\frac{11}{1024ck}$，在此条件下，$\tilde{\pi}_r^{\#}=\frac{11}{256k}$，$\tilde{\pi}_m^{\#}=\frac{121}{2048k}-c$；

（4）当 $c>\frac{57}{2048k}$ 时，零售商不采取信息获取，制造商决策产品质量和成本分担比率为 $\tilde{q}^{\#}=\frac{1}{4k}$，$\tilde{\lambda}^{\#}=0$，在此条件下，$\tilde{\pi}_r^{\#}=\tilde{\pi}_m^{\#}=\frac{1}{32k}$。

证明：在第 4 章条件获取基础模型结果之上求解，当制造商打算促进零售商进行信息获取时，最优成本共担机制和质量提升水平求解过程为：

$$\max_{\lambda\in[0,\ 1],\ q>0}\pi_m^A(\lambda,\ q)=\frac{1}{2}\left(\frac{q}{2}-\frac{kq^2}{2}\right)+\frac{1}{2}\left(\frac{q}{8}-\frac{kq^2}{2}\right)-\lambda c$$

$$\text{s.t}\quad q\geqslant 32(1-\lambda)c$$

$$\frac{1}{2}\left(\frac{q}{2}-\frac{kq^2}{2}\right)+\frac{1}{2}\left(\frac{q}{8}-\frac{kq^2}{2}\right)-\lambda c\geqslant\frac{1}{32k}$$

当 $c>\frac{5}{512k}$ 时，限制条件变得有约束力，将 $q=32(1-\lambda)c$ 带入利润公式，得到：

$\pi_m^A(\lambda)=-c(11\lambda+512ck+512\lambda^2ck-1024\lambda ck-10)$

限制条件 $q\geqslant 32(1-\lambda)c$ 是指零售商愿意获取信息的限制条件。$\frac{1}{2}\left(\frac{q}{2}-\frac{kq^2}{2}\right)+\frac{1}{2}\left(\frac{q}{8}-\frac{kq^2}{2}\right)-\lambda c\geqslant\frac{1}{32k}$ 是指制造商有兴趣促进零售商进行信息获取的限制条件。当 $c\leqslant\frac{5}{512k}$ 时，$\tilde{q}^{\#}=\frac{5}{16k}$ 和 $\tilde{\lambda}^{\#}=0$ 是在两个限制条件下最大化制造商期望收益的最优解。为此，该函数在 $\lambda\in[0,\ 1]$ 为下凸。一阶条件为 $\frac{d\pi_m^A}{d\lambda}=-c(1024\lambda ck-1024ck+11)$。注意到 $\left.\frac{d\pi_m^A}{d\lambda}\right|_{\lambda=0}=c(1024ck-11)$。当 $\frac{5}{512k}<c\leqslant\frac{11}{1024ck}$ 时，$\lambda^{\#}=0$。可以证明，限制条件 $\frac{1}{2}\left(\frac{q}{2}-\frac{kq^2}{2}\right)+\frac{1}{2}\left(\frac{q}{8}-\frac{kq^2}{2}\right)-\lambda c\geqslant\frac{1}{32k}$ 总是成立。当 $c>\frac{11}{1024k}$ 时，π_m^A 随着 λ 先递增后递减，因此，一阶条件得到

$\lambda^{\#} = 1 - \frac{11}{1024ck}$，带入限制条件 $\frac{1}{2}\left(\frac{q}{2} - \frac{kq^2}{2}\right) + \frac{1}{2}\left(\frac{q}{8} - \frac{kq^2}{2}\right) - \lambda c \geqslant \frac{1}{32k}$，得到 $c \leqslant \frac{57}{2048k}$。换句话说，当 $\frac{11}{1024ck} < c \leqslant \frac{57}{2048k}$ 时，$\tilde{\lambda}^{\#} = 1 - \frac{11}{1024ck}$ 为最优解；当 $c > \frac{57}{2048k}$ 时，制造商将促使零售商不进行信息获取。

命题 4.4 表明，除了提升产品质量以外，制造商也能够通过引入成本共担机制使零售商获取需求信息。条件获取策略下引入成本共担机制后与未引入之前的重要区别在于，制造商不需要在产品质量上过度投资来促进零售商进行信息获取。回顾第 3 章中无成本共担条件获取策略下的结论，制造商除了提升质量水平来刺激零售商获取需求信息，别无选择。这带来了质量提升水平随着信息获取成本条件增加的有趣关联性。但是，当制造商能够使用成本共担促进信息获取时，质量提升就不再是其唯一依靠了。如图 4-6 所示，质量提升水平不再随着信息获取成本单调增。考虑企业的利润水平，制造商将受益于主动分担零售商的信息获取成本。但是，出乎意料的是，当制造商主动分担信息获取成本时，零售商的利润水平反而受损。这是成本共担机制的引入妨碍了零售商促使制造商在质量水平上过度投资行为所导致的。

基于成本共担下承诺获取和条件获取策略，本章在图 4-7 和图 4-8 中阐明信息获取成本是如何影响均衡质量提升水平和成本分担比率（假设质量提升的成本系数 $k=0.1$）。图 4-7 表明，当信息获取成本在中间范围时，成本共担机制将增加质量提升水平。图 4-8 表明，与承诺获取相比，制造商在条件获取策略下将承担较高比率的信息获取成本。

图 4-9、图 4-10 和图 4-11 进一步证明了引入成本共担机制后信息获取成本是怎样影响企业均衡利润的。结论表明，当信息获取成本在中间范围时，零售商在条件获取策略下能获得一个更高的利润水平，信息获取成本 c 在其他范围时，零售商在条件和承诺获取策略下获取利益一致。但从制造商观点看，承诺获取策略始终比条件获取产生更高的收益，这与未引入成本共担机制一致。零售商始终偏好条件获取策略，与不引入成本共担机制策略下零售商在信息获取成本为特点范围时偏好承诺获取策略有所区别。引入成本共担机制后供应链信息获取均衡决策与第 3 章中基础模型的结论相似。

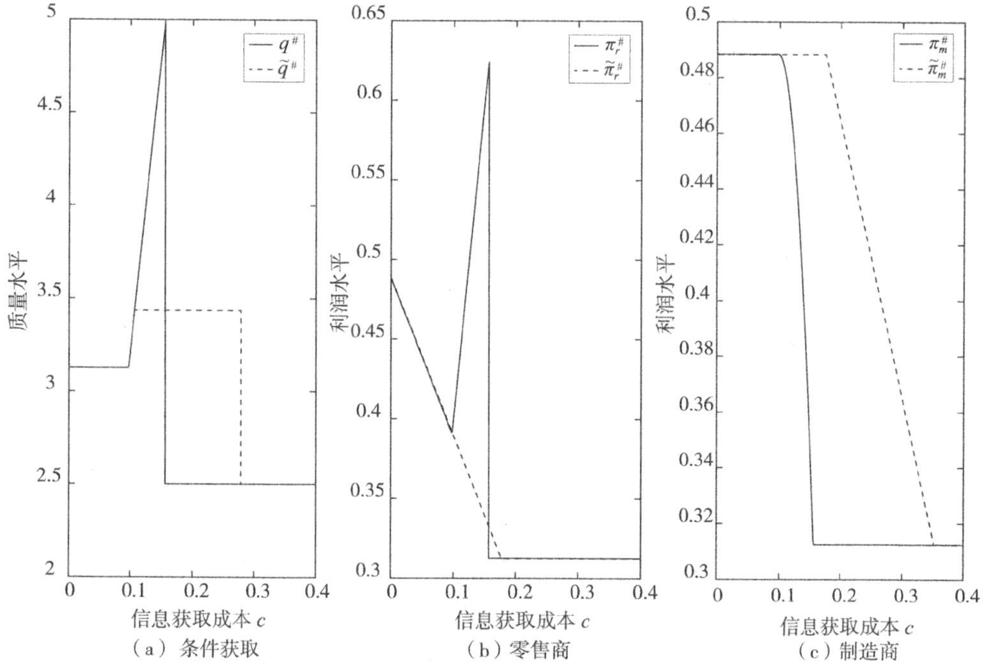

图 4-6 条件获取策略下引入成本共担机制前后均衡质量和利润水平比较

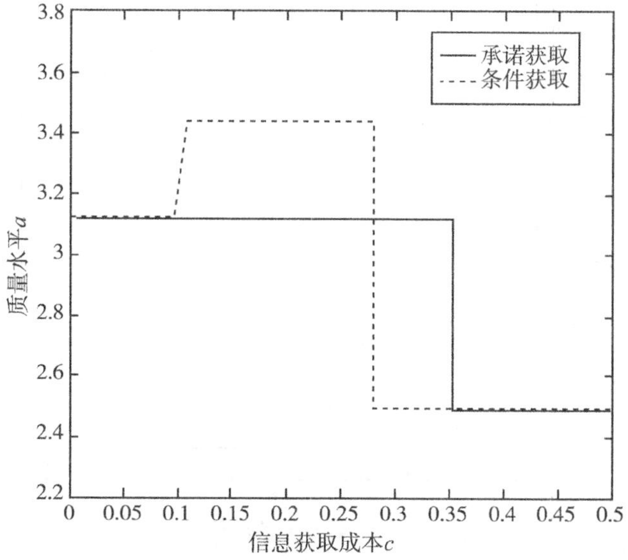

图 4-7 成本共担机制下制造商质量水平决策比较

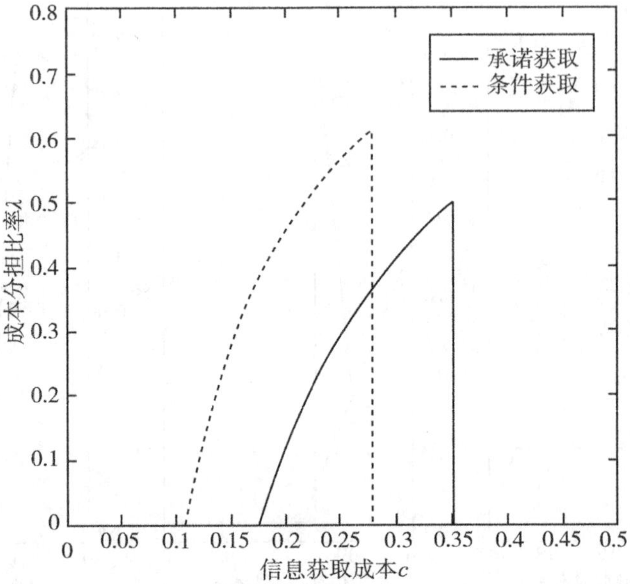

图 4-8　成本共担机制下制造商成本分担比率决策比较

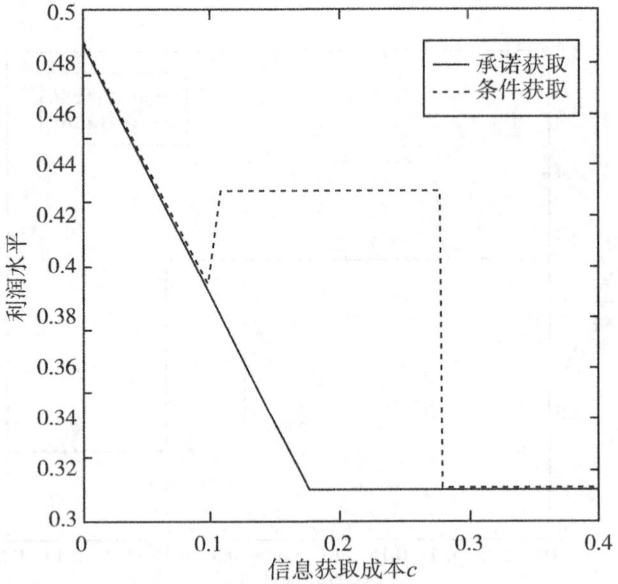

图 4-9　成本共担机制下零售商承诺获取和条件获取利润水平

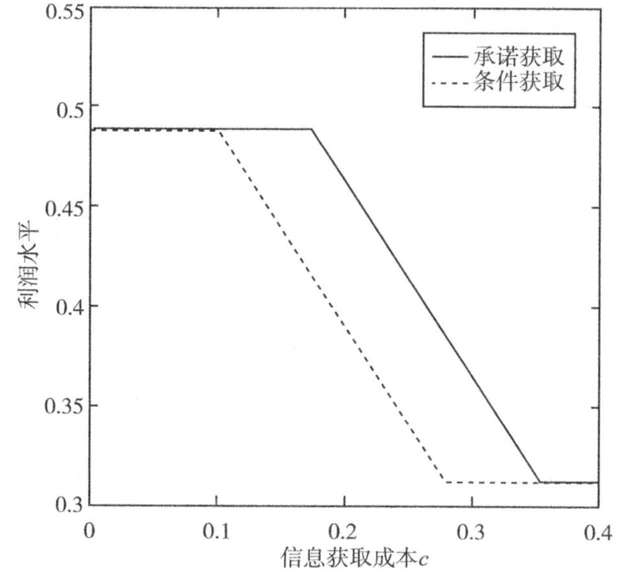

图 4-10　成本共担机制下制造商承诺获取和条件获取利润水平

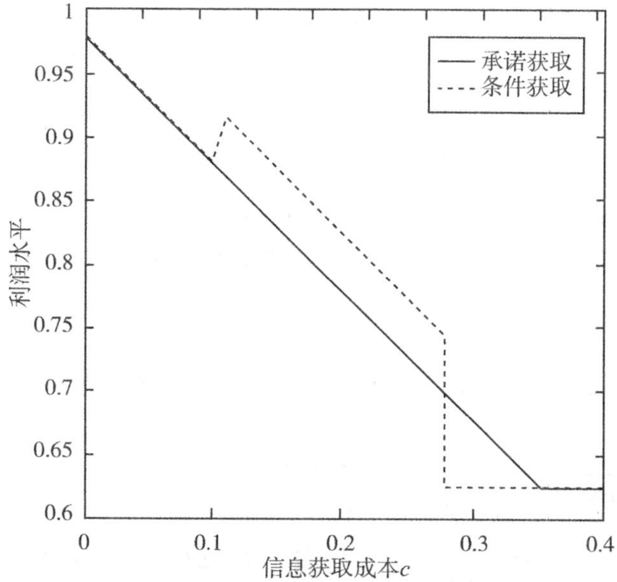

图 4-11　成本共担机制下供应链承诺获取和条件获取利润水平

4.4 零售商决策成本共担比例

在本节中，假设成本共担比例由零售商决定的情境，分别研究零售商决策成本共担比率下承诺获取和条件获取策略。

在条件获取策略下，如果零售商获取信息，零售商和制造商的收益分别为：

$$\pi_r^A(\lambda) = \frac{25}{512k} - (1 - \lambda)c$$

$$\pi_m^A(\lambda) = \frac{25}{512k} - \lambda c$$

假设零售商不获取信息，零售商和制造商的收益分别为 $\pi_r^A = \pi_m^A = \frac{1}{32k}$。为了促进零售商获取信息，最优成本分担比率为

$$\max_{\lambda \in [0,\ 1]} \pi_r^A(\lambda) = \frac{25}{512k} - (1 - \lambda)c$$

$$\text{s.t.} \quad 1 - \frac{9}{512ck} \leqslant \lambda \leqslant \frac{9}{512ck}$$

$$\frac{25}{512k} - (1 - \lambda)c \geqslant \frac{1}{32k}$$

上述限制条件和 4.3.2 节类似，表明引入成本共担机制后，制造商和零售商双方都愿意采取信息获取的行为。企业均衡决策如下：

命题 4.5　在承诺获取策略下，当零售商决策成本共担比率时，均衡状态为：

(1) 当 $c \leqslant \frac{9}{512k}$ 时，零售商获取信息，制造商质量提升水平和成本分担比率分别为 $q^* = \frac{5}{16k}$ 和 $\lambda^* = 1$，在此条件下，$\pi_r^* = \frac{25}{512k}$，$\pi_m^* = \frac{25}{512k} - c$；

(2) 当 $\frac{9}{512k} < c \leqslant \frac{9}{256k}$ 时，零售商选择获取信息，制造商质量提升水平和成本分担比率分别为 $q^* = \frac{5}{16k}$ 和 $\lambda^* = \frac{9}{512ck}$，在此条件下，$\pi_r^* = \frac{1}{32k}$，$\pi_m^* =$

$\frac{17}{256k}-c$；

（3）当 $c>\frac{9}{256k}$，零售商不获取信息，制造商质量提升水平和成本共担比率分别为 $q^*=\frac{1}{4k}$ 和 $\lambda^*=0$，在此条件下，$\pi_r^*=\pi_m^*=\frac{1}{32k}$。

比较命题 4.5 和命题 3.3 得到的结论，可以看出，结果非常相似。也就是说，不论成本分担比例由制造商还是由零售商来决策，在承诺获取策略下的均衡决策不变。这是因为，在承诺获取策略下，供应链的整体收益不变。因此，假使另一方愿意引入成本共担机制，决策成本分担比率的一方就能攫取供应链的所有剩余利润。但是，在条件获取策略下，结论将有不同程度的区别，具体细节将在之后做详细说明。

在条件获取策略下，如果由零售商决策成本分担比率，在命题 3.3 基础上，均衡质量提升水平和成本分担比率求解过程如下：

$$\max_{\lambda\in[0,1],\ q\geqslant 0}\pi_r^A(\lambda)=\frac{5q}{32}-(1-\lambda)c$$

$$\text{s. t.}\quad \frac{5q}{32}-(1-\lambda)c\geqslant\max\left\{\frac{q}{8},\ \frac{1}{32k}\right\}$$

$$\frac{5q}{16}-\frac{kq^2}{2}-\lambda c\geqslant\frac{1}{32k}$$

上述限制条件表明，零售商偏好获取信息，制造商有意愿促使零售商获取信息。接下来得到该条件下的均衡决策。

命题 4.6 在条件获取策略下零售商决策成本共担比率，均衡决策如下：

（1）当 $c\leqslant\frac{9}{512k}$ 时，零售商获取信息，制造商成本分担比率和质量提升水平分别为 $\lambda^\#=1$ 和 $q^\#=\frac{5}{16k}$，在此条件下，$\pi_m^\#=\frac{25}{512k}-c$，$\pi_r^\#=\frac{25}{512k}$；

（2）当 $\frac{9}{512k}<c\leqslant\frac{7}{256k}$ 时，零售商获取信息，制造商决策成本分担比率和质量提升水平为 $\lambda^\#=\frac{9}{512ck}$ 和 $q^\#=\frac{5}{16k}$，在此条件下，$\pi_r^\#=\frac{17}{256k}-c$，$\pi_m^\#=\frac{1}{32k}$；

（3）当 $c > \frac{7}{256k}$ 时，零售商不获取信息，制造商质量提升水平高和成本分担比率均衡决策为 $q^{\#} = \frac{1}{4k}$ 和 $\lambda^{\#} = 0$，在此条件下，$\pi_r^{\#} = \pi_m^{\#} = \frac{1}{32k}$。

比较命题4.6和命题3.4，探讨当制造商和零售商两个不同企业分别决策成本分担比率时，企业均衡决策：（1）当 $c \leqslant \frac{5}{512k}$ 时，决策成本共担比率的一方不承担信息获取成本，均衡质量提升水平不变。（2）当 $\frac{5}{512k} < c \leqslant \frac{11}{1024k}$ 时，当成本分担比率由零售商决定时，制造商将承担所有信息获取成本，最优质量提升水平不变；而当成本分担比率由制造商决定时，零售商将承担所有信息获取成本，最优质量提升水平随着信息获取成本 c 单调递增。（3）当 $\frac{11}{1024k} < c \leqslant \frac{9}{512k}$ 时，如果成本分担比率由零售商决定，制造商仍然承担全部信息获取成本，最优质量提升水平不变；而如果成本分担比率由制造商决定，制造商和零售商将联合承担信息获取成本，最优质量提升水平，制造商决策成本分担比率时的最优质量提升水平高于零售商决策成本分担比率的情境。（4）当 $\frac{9}{512k} < c \leqslant \frac{7}{256k}$ 时，均衡状态下最优成本分担比率和质量提升水平不一致。（5）当 $\frac{7}{256k} < c \leqslant \frac{57}{2048k}$ 时，如果成本分担比率由零售商决定，零售商将选择不获取信息；而当成本共担比率由制造商决定，零售商将始终愿意进行信息获取。（6）当 $c > \frac{57}{2048k}$ 时，在所有情境下，零售商将不去获取信息。

4.5　本章小结

本章研究造商在最初确定成本分担比率，其他决策顺序与事前和事后策略以及承诺获取和条件获取策略一致。在销售努力成本共担情境下，本章研究事前与事后策略下成本共担比率的帕累托改进区间。在信息获取成本共担情境下，研究承诺获取和条件获取策略下企业双方关于成本共担比率、质量提升、信息获取的均衡决策。其研究结果如下：

（1）在零售商销售努力成本共担比率模型下，制造商对销售努力成本的分担存在帕累托改进区间。在事前承诺模式下，零售商利润随着成本分担比率 λ 持续递增，制造商利润随着成本分担比率 λ 先递增后递减，不同的是，在事后承诺模式下，制造商、零售商以及整条供应链随着成本分担比率 λ 先递增后递减，这是由于在事前模式下，提升成本分担比率既能使零售商加大销售努力的投资，也会给制造商带来成本压力，这两种冲突效应导致了先递增后递减的结果。在事后承诺模式下，分担比率 λ 增加为零售商销售努力减负，但 λ 的持续增高给制造商带来成本压力也会使质量水平下降，从而影响零售商收益。

（2）在零售商信息获取成本共担模型下，制造商对信息获取成本的分担能有效促进零售商进行信息获取，提升企业双方以及供应链的效益。当信息获取成本较低时，制造商不进行成本共担，这是因为，在该情境下，零售商对信息获取有内在偏好，制造商不需要额外承担费用。但是，当信息获取成本增加到一定区间时，制造商进行成本共担能有效促进零售商采取信息获取，从而提升企业双方以及整个供应链的利润。可见，在承诺获取和条件获取策略下引入成本共担机制，与没有引入成本共担机制进行对比，零售商信息获取的成本区间将得到进一步扩大。此外，引入成本共担后，制造商始终偏好承诺获取策略，与不引入成本共担机制状态下结论保持一致。零售商始终偏好条件获取策略，与不引入成本共担机制策略下信息获取成本在特点范围内零售商偏好承诺获取策略有所区别。

（3）从供应链中成本共担合约的执行看，在这种成本共担机制下，仅当成本共担比率控制在一定水平时，方能有效提升企业和供应链的利润。

第5章　结论与展望

供应链协同一直都是供应链管理和运营管理研究中的热点问题，影响供应链协同的信息不对称问题也被广泛研究。究其原因，一是由于当前供应链结构体系趋于复杂化，供应链中企业参与者较多，各企业参与者掌握着不同的信息优势，且有不同的利益诉求，如何协调供应链主体之间的利益，是提升供应链整体运营绩效的关键；二是供应链中企业间私有信息的分享对供应链整体绩效的提升至关重要，激烈的市场竞争使单个企业的竞争演化为供应链整体的竞争，供应链中信息的有效传递和分享能够遏制供应链间因信息放大、扭曲、失真等产生的负面效应，提升供应链整体竞争能力；三是随着竞争环境的复杂化和客户需求的多变，导致供应链中信息不确定性很高。供应链运行中存在大量的随机因素，比如影片质量能否使观众满意存在不确定性，新零售背景下消费者购物方式和购物偏好存在不确定性。为此，如何进行供应链运行机制的创新设计，以抵御信息不确定因素对于供应链运行的负面影响非常重要。正是由于这些问题的存在，吸引了大量研究学者从不同层面、不同角度探讨供应链协同以及信息不对称问题。本书在之前学者研究的基础上，系统性地研究供需信息不确定环境下供应链企业合作策略和运行机制。

5.1　研究结论

本书建立了一系列由单制造商和单零售商组成的二级供货模型，分别研究了供应信息不确定和需求不确定因素下供应链企业间影响系统运作绩效的运行策略和运作机制。通过数学建模、逆向归纳、推理论证和比较分析的方式找到制造商、零售商以及供应链在不同顺序的运行机制下的最优策略，并找到提升企业个体和供应链绩效的最优策略。在此基础上，叠加供应链契约设计理念，进行成本共担机制的引入，探讨成本共担和顺序决策多重运作机制联合作用对供应链企业个体和整体绩效的影响。为此，本书不仅丰富了供应链协同理论，而且研究结果对于供应链中的企业实践具有指导作用。本书研究结论主要表现为以下几方面：

（1）验证了供应信息不确定下制造商质量提升和零售商销售努力策略的交互影响作用，提出了不同企业参与者基于质量提升和销售努力的最优策略。尽管之前的研究表明，供应链中不同企业主体的协同运作、联合决策能提升供应链整体效用，但是较少有人通过数学论证的方式明确联合决策的顺序对供应链绩效的影响作用。本书第2章通过建立供应信息不确定环境下单制造商对单零售商的供应博弈模型，对比分析了零售商在制造商进行质量提升之前和之后进行销售努力承诺的质量提升水平、销售努力水平以及企业双方利润，得到了企业双方的最优决策模型。研究结果表明，制造商和零售均衡决策下的质量提升水平或销售努力水平不仅随着自身努力成本递减，而且也随着上游或下游企业努力成本递减，突显了产品质量和销售努力的战略交互作用。同时，事前承诺策略下企业利润随着均值 μ 单调递增，与质量变动系数 σ 无关，而事后承诺策略下企业利润随着质量变动系数 σ 单调递增。企业双方在事后策略下的投资更为积极，供应链和零售商在事后承诺下能够获得更高的收益。因此，零售商偏好事后承诺，但制造商在质量波动性较低时偏好事后承诺，而在质量波动性较大时，偏好独自承担质量不稳定的事前承诺模式。基于上述合作模型，本书提出了提前承诺（M-R）、同时承诺等不同决策顺序，将其与事前承诺（R-M）比较分析，论证了供应链企业决策的后动优势效用。不同决策顺序下供应链主要参与者的决策偏好，将为实际运作中的企业决策提供参考。

（2）证明了零售商信息获取和分享对提升供应链以及企业双方运作绩效的作用和效果，提出了不同企业参与者基于质量提升和信息获取的最优策略。之前有研究表明，企业采取信息分享能够提升供应链运作绩效，但是较少有人研究信息共享的决策顺序对供应链绩效的影响作用，也较少研究供应链以及主要参与者对不同联合决策顺序的偏好。本书在第3章通过建立需求信息不确定环境下单制造商和单零售商的供应博弈模型，对比研究了零售商在制造商进行质量提升之前和之后进行承诺获取和条件获取决策对信息获取的激励作用和供应链企业的绩效影响，得到了企业双方最优的决策模型。研究结果表明，零售商进行信息获取和分享在一定范围内提升供应链和企业双方的运作绩效。制造商始终偏好承诺获取策略，零售商在信息获取成本 c 较小时，偏好条件获取；当 c 较大时，反而偏好承诺获取来增强制造商进行质量提升的动机。在此基础上，本书又提出了两种策略下集中型供应链绩效和分散型供应链绩效模型，比较分析得到集中型供应链绩效优于分散型供应链绩效。对于集中型供应链来说，承诺获取始终最优，但在分散型供应链中，根据信息获取成本范围的不同供应链偏好条件获取或承诺获取策略。同时，本书建立了关于制造商在获取消费者偏好后修改质量情境下的响应型质量提升模型，得到结论：仅当信息获取成本和质量提升成本系数偏低时，制造商和供应链将受益于响应型质量提升模型。

（3）之前的研究集中在成本共担作为供应链契约设计对供应链绩效的影响，而本书第 4 章对比分析了引入成本共担机制后供应链不同顺序合作策略下的影响作用。本书考虑基于零售商销售努力的成本共担和基于零售商信息获取的成本两类供应链合作策略。制造商在最初确定成本分担比率，其他决策顺序与事前和事后策略以及承诺获取和条件获取策略一致。研究表明，在成本共担机制下，仅当成本共担比率控制在一定水平时，方能有效提升企业和供应链的利润。在零售商销售努力成本共担比率模型下，制造商对销售努力成本的分担存在帕累托改进区间。在事前承诺模式下，零售商利润随着成本分担比率 λ 持续递增，制造商利润随着成本分担比率 λ 先递增后递减。不同的是，在事后承诺模式下，制造商、零售商以及整条供应链随着成本分担比率 λ 先递增后递减。在零售商信息获取成本共担模型下，制造商对信息获取成本的分担能有效促进零售商进行信息获取，提升企业双方以及供应链的效益。当信息获取成本较低时，制造商不进行成本共担，当信息获取成本增加到一定区间时，制造商进行成本共担能有效促进零售商采取信息获取，从而提升企业双方以及整个供应链的利润。可以得到结论：在承诺获取和条件获取策略下引入成本共担机制，与没有引入成本共担机制进行对比，零售商信息获取的成本区间将得到进一步扩大。

5.2 研究展望

本书针对供需信息不确定下需求协同问题展开分析，研究制造商和零售商组成的标准二级供应链，制造商确定产品质量，零售商确定销售努力水平或信息获取行为。通过模拟需求信息不确定状态下（质量水平提升受随机因素影响，销售努力程度和信息获取决策由零售商自行决定），从供应链中不同角色出发（制造商、零售商、供应链），探讨在不同情境和不同合作机制下，不同决策顺序策略，构建多种不确定信息情境下的供应链企业优化决策模型，揭示制造商和零售商在需求提升方面的交互影响关系，提出能够有效提升供应链绩效的决策方案。但是，鉴于市场环境的复杂变化和信息不对称问题的不断发展，还存在着很多有待于进一步研究和探讨的问题和方向，至少包括以下几方面内容：

（1）多制造商和多零售商供需信息不确定合作模型拓展研究。本书供应链合作策略研究的是单制造商和单零售商之间的交互作用。但是在现实环境中，供需关系较为复杂，往往有多个制造商和多个零售商参与。为此，研究水平（供应商之间）和垂直（供应商们和零售商们之间）关系的交互联系可能会使结论发生变化，产生更多有意义的管理启示和影响作用。但是，这个问题研究起来相当具有挑战，需要推翻和重建现有模型。

（2）制造商质量提升和零售商销售努力联动决策模型中考虑销售努力的限制。与本书设置不同，在实际运作中，零售商往往在销售努力上有资源限制，例如电影公司有限的放映厅数量以及电子商务网页中有限的优先展示位。为此，在本书在设置模型上考虑资源限制的情境，研究怎样调整有限的资源优化制造商、零售商以及供应链的运作绩效，值得进一步研究探讨。在此基础上，考虑供应商的竞争也许能从零售商销售努力的承诺时机的研究中得到更加丰富而有趣的结论。

（3）考虑质量随机下联动模型研究拓展。需求信息不对称环境下，制造商质量提升和零售商信息获取联动模型设置中质量提升过程确定，因此制造商总能达到其投资质量水平的意愿。但在现实条件下，生产过程将包含一些不确定因素，影响最终质量水平。因此，生产不确定性如何影响企业均衡战略的问题，值得继续研究。

（4）引入信息甄别的研究。在本书所讨论的模型结构中，不论是存在需求信息不确定或者是产品质量信息不确定，都假设制造商和零售商之间不存在私有信息，即供应链信息能够充分共享。这一假设前提实际上在很多相关研究中都得以体现，比如，Rached（2013），Mehmet（2014），Ganesh（2013）。然后，在现实中，供应链上、下游企业也不一定愿意完全分享各自对于市场和产品的信息，因此，出现信息不对称的现象。因此，在后续研究中，有必要研究企业如何采取相应的信息策略来揭示供应链中存在的不对称信息，比如当供应商拥有私有产品质量信息时，他的批发价格能否传递出产品的质量信息，即价格信息机制。又如，当零售商独自观察到市场的需求信息时，供应商能否采取相应的契约组合来主动诱导零售商披露市场信息，即信息甄别机制。此外，本书的研究内容都是建立在单周期环境上的，但是现实中，供应链企业间的交互行为往往是一个长期过程。在此基础上，将现有研究的时限从单周期扩展到多周期，考虑信息不对称环境下的多周期均衡策略选择问题，是今后研究的重点和难点问题。

参考文献

[1] Akerlof G. The market for "lemons": quality uncertainty and the market mechanism [J]. Quarterly Journal of Economics, 1970, 84: 488-500.

[2] Akintoye A, Mcintosh G, Fitzgerald E. A survey of supply chain collaboration and management in the UK construction industry [J]. European Journal of Purchasing & Supply Management, 2000, 6 (3): 159-168.

[3] Mackelprang A W, Malhotra M K. The impact of bullwhip on supply chains: performance pathways, control mechanisms, and managerial levers [J]. Journal of Operations Management, 2015, 36: 15-32.

[4] Ha A Y, Tong S. Contracting and information sharing under supply chain competition [J]. Management Science, 2008, 54 (4): 701-715.

[5] Alvi E. First-order approach to principal-agent problems: a generalization [J]. The Geneva Papers on Risk and Insurance Theory, 1997, 22 (1): 59-65.

[6] Anderson D, Lee H. Synchronized supply chains: the new frontier [J]. Achieving Supply Chain Excellence through Technology (ASCET), 1999, 1.

[7] Nalca A, Boyaci T, Ray S. Brand positioning and consumer taste information [J]. European Journal of Operational Research, 2018, 268 (2): 555-568.

[8] Arya A, Mittendorf B. Disclosure standards for vertical contracts [J]. The Rand Journal of Economics, 2011, 42 (3): 595-617.

[9] Baiman S, Fischer P E, Rajan M V. Information, contracting, and quality costs [J]. Management Science, 2000, 46 (6): 776-789.

[10] Balcer Y. Partially controlled demand and inventory control: an additive model [J]. Naval Research Logistics Quarterly, 1980, 27 (2): 273-288.

[11] Balcer Y. Optimal advertising and inventory control of perishable goods [J]. Naval Research Logistics Quarterly, 1983, 30 (4): 609-625.

[12] Banerjee S, Lin P. Vertical research joint ventures [J]. International Journal of Industrial Organization, 2001, 19 (1): 285-302.

[13] Banker R D, Khosla I, Sinha K K. Quality and competition [J]. Management Science, 1998, 44 (9): 1179-1192.

[14] Huo B, Zhao X, Zhou H. The effects of competitive environment on supply chain information sharing and performance: an empirical study in China [J]. Production and Operations Management, 2014, 23 (4): 552-569.

[15] Barratt, M. Understanding the meaning of collaboration in the supply chain [J]. Supply Chain Management: An International Journal, 2004, 9 (1): 30-42.

[16] Bernstein F, Federgruen A. Decentralized supply chains with competing retailers under demand uncertainty [J]. Management Science, 2005, 51 (1): 18-29.

[17] Bhatnagar R, Chandra P, Goyal S K. Models for multi-plant coordination [J]. European Journal of Operational Research, 1993, 67 (2): 141-160.

[18] Blocher, J. D., Chhajed, D. Minimizing customer order lead-time in a two-stage assembly supply chain [J]. Annals of Operations Research, 2008, 161 (1): 25-52.

[19] Board, O. Competition and disclosure [J]. The Journal of Industrial Economics, 2009, 57 (1): 197-213.

[20] Sun, M. Disclosing multiple product attributes [J]. Journal of Economics & Management Strategy, 2011, 20 (1): 195-224.

[21] Bonnet C, Dubois P. Inference on vertical contracts between manufacturers and retailers allowing for nonlinear pricing and resale price maintenance [J]. The RAND Journal of Economics, 2010, 41 (1): 139-164.

[22] Bookbinder, J. H., Cakanyildirim, M. Random lead times and expedited orders in (R, Q) inventory systems [J]. European Journal of Operational Research, 1999, 115 (2): 300-313.

[23] Cachon G P, Lariviere M A. Capacity choice and allocation: strategic behavior

and supply chain performance [J]. Management Science, 1999, 45 (8): 1091-1108.

[24] Cachon G P, Lariviere M A. Supply chain coordination with revenue-sharing contracts: strengths and limitations [J]. Management Science, 2005, 51 (1): 30-44.

[25] Cachon G P. Supply chain coordination with contracts [J]. Handbooks in Operations Research & Management Science, 2003, 11 (11): 227-339.

[26] Cachon G P, Lariviere M A. Supply chain coordination with revenue-sharing contracts: strengths and limitations [J]. Management Science, 2005, 51 (1): 30-44.

[27] Chang H L, Rhee B D, Cheng T C E. Quality uncertainty and quality-compensation contract for supply chain coordination [J]. European Journal of Operational Research, 2013, 228 (3): 582-591.

[28] Chao G H, Iravani S M R, Savaskan R C. Quality Improvement Incentives and Product Recall Cost Sharing Contracts [J]. Management Science, 2009, 55 (7): 1122-1138.

[29] Chauhan S S, Proth J M . Analysis of a supply chain partnership with revenue sharing [J]. International Journal of Production Economics, 2005, 97 (1): 44-51.

[30] Chen F, Federgruen A, Zheng Y S. Coordination mechanisms for a distribution system with one supplier and multiple retailers [J]. Management Science, 2001, 47 (5): 693-708.

[31] Chen F, Drezner Z, Ryan J K, et al. Quantifying the bullwhip effect in a simple supply chain: the impact of forecasting, leadtimes, and information [J]. Management Science, 2000, 46 (3): 436-443.

[32] Chen F, Lai G, Xiao W. Provision of incentives for information acquisition: forecast-based contracts vs. menus of linear contracts [J]. Management Science, 2015, 62 (7): 1899-1914.

[33] Chen F. Sales-force incentives and inventory management [J]. Manufacturing &

Service Operations Management, 2000, 2 (2): 186-202.

[34] Chen J, Liang L, Yang F. Cooperative quality investment in outsourcing [J]. International Journal of Production Economics, 2015, 162: 174-191.

[35] Chiu C H, Choi T M, Li X. Supply chain coordination with risk sensitive retailer under target sales rebate [J]. Automatica, 2011, 47 (8): 1617-1625.

[36] Chu W. Demand signalling and screening in channels of distribution [J]. Marketing Science, 1992, 11 (4): 327-347.

[37] Chu W, Messinger P R. Information and channel profits [J]. Journal of Retailing, 1997, 73 (4): 487-499.

[38] Chu W, Desai P S. Channel coordination mechanisms for customer satisfaction [J]. Marketing Science, 1995, 14 (4): 343-359.

[39] Dan B, Xu G, Liu C. Pricing policies in a dual-channel supply chain with retail services [J]. International Journal of Production Economics, 2012, 139 (1): 312-320.

[40] De Giovanni P. Quality improvement vs. advertising support: which strategy works better for a manufacturer? [J]. European Journal of Operational Research, 2011, 208 (2): 119-130.

[41] Debo L, Sun J. Repeatedly selling to the newsvendor in fluctuating markets: the impact of the discount factor on supply chain [R]. Working paper, Carnegie Mellon University, Pittsburgh, PA, 2004.

[42] Zissis D, Ioannou G, Burnetas A. Supply chain coordination under discrete information asymmetries and quantity discounts [J]. Omega, 2015, 53: 21-29.

[43] Spiliotopoulou E, Donohue K, Gürbüz M Ç. Information reliability in supply chains: the case of multiple retailers [J]. Production and Operations Management, 2016, 25 (3): 548-567.

[44] Ellinger A E. Improving marketing/logistics cross-functional collaboration in the supply chain [J]. Industrial Marketing Management, 2000, 29 (1): 85-96.

[45] Cao E, Ma Y, Wan C, et al. Contracting with asymmetric cost information in a dual-channel supply chain [J]. Operations Research Letters, 2013, 41 (4):

410-414.

[46] Ernst R, Kouvelis P. The effects of selling packaged goods on inventory decisions [J]. Management Science, 1999, 45 (8): 1142-1155.

[47] Fabio, Dongsoo, Andrew. Voluntary quality disclosure under price-signaling competition Manage [J]. Decis. Econ. 2011, 32: 493-504.

[48] Chen F, Lai G, Xiao W. Provision of incentives for information acquisition: forecast-based contracts vs. menus of linear contracts [J]. Management Science, 2015, 62 (7): 1899-1914.

[49] Caldieraro F, Shin D, Stivers A. Voluntary quality disclosure under price-signaling competition [J]. Managerial and Decision Economics, 2011, 32 (8): 493-504.

[50] Forrester J. Industrial Dynamics MIT Press [J]. Cambridge, Massachusetts, 1961.

[51] Gan X, Sethi S P, Yan H. Channel coordination with a risk-neutral supplier and a downside-risk-averse retailer [J]. Production and Operations Management, 2005, 14 (1): 80-89.

[52] Gao L, Li Z, Shou B. Information acquisition and voluntary disclosure in an export-processing system [J]. Production and Operations Management, 2014, 23 (5): 802-816.

[53] Goyal, S. K. A joint economic-lot-size model for purchaser and vendor: a comment [J]. Decision Sciences, 1988, 19 (1): 236-241.

[54] Goyal S K. A one-vendor multi-buyer integrated inventory model: a comment [J]. European Journal of Operational Research, 1995, 82 (1): 209-210.

[55] Grossman S J. The informational role of warranties and private disclosure about product quality [J]. The Journal of Law and Economics, 1981, 24 (3): 461-483.

[56] Grossman S, Hart O. Disclosure laws and takeover bids [J]. The Journal of Finance, 1980, 35 (2): 323-334.

[57] Guan X, Chen Y J. The interplay between information acquisition and quality

disclosure [J]. Production and Operations Management, 2017, 26 (3): 389-408.

[58] Guan X, Chen Y J. Timing of information acquisition in a competitive environment [J]. Naval Research Logistics (NRL), 2016, 63 (1): 3-22.

[59] Guo X, Jiang B. Signaling through price and quality to consumers with fairness concerns [J]. Journal of Marketing Research, 2016, 53 (6): 988-1000.

[60] Guo L. Quality disclosure formats in a distributionchannel [J]. Management Science, 2009, 55 (9): 1513-1526.

[61] Guo L, Iyer G. Information acquisition and sharing in a vertical relationship [J]. Marketing Science, 2010, 29 (3): 483-506.

[62] Guo, L., Zhao, Y. Voluntary quality disclosure and market interaction [J]. Marketing Science, 2009, 28 (3): 488-501.

[63] Gurnani H, Erkoc M. Supply contracts in manufacturer-retailer interactions with manufacturer-quality and retailer effort-induced demand [J]. Naval Research Logistics (NRL), 2008, 55 (3): 200-217.

[64] Gurnani H, Xu Y. Resale price maintenance contracts with retailer sales effort: effect of flexibility and competition [J]. Naval Research Logistics (NRL), 2006, 53 (5): 448-463.

[65] Gurnani H, Erkoc M, Luo Y. Impact of product pricing and timing of investment decisions on supply chain co-opetition [J]. European Journal of Operational Research, 2007, 180 (1): 228-248.

[66] Hill R M. The single-vendor single-buyer integrated production-inventory model with a generalised policy [J]. European Journal of Operational Research, 1997, 97 (3): 493-499.

[67] Hsiao L, Chen Y J. Returns policy and quality risk in e-business [J]. Production and Operations Management, 2012, 21 (3): 489-503.

[68] Hsieh C C, Liu Y T. Quality investment and inspection policy in a supplier - manufacturer supply chain [J]. European Journal of Operational Research, 2010, 202 (3): 717-729.

[69] Hu X, Duenyas I, Kapuscinski R. Existence of coordinating transshipment prices in a two-location inventory model [J]. Management Science, 2007, 53 (8): 1289-1302.

[70] Huang S, Guan X, Chen Y J. Retailer information sharing with supplier encroachment [J]. Production and Operations Management, 2018, 27 (6): 1133-1147.

[71] Ito T, Salleh M R. A blackboard-based negotiation for collaborative supply chain system [J]. Journal of Materials Processing Technology, 2000, 107 (1-3): 398-403.

[72] Jakšič M, Fransoo J C. Optimal inventory management with supply backordering [J]. International Journal of Production Economics, 2015, 159: 254-264.

[73] Jakšič M, Fransoo J C, Tan T. Inventory management with advance capacity information [J]. Naval Research Logistics (NRL), 2011, 58 (4): 355-369.

[74] Jeuland A P, Shugan S M. Managing channel profits [J]. Marketing Science, 1983, 2 (3): 239-272.

[75] Jiang B, Ni J, Srinivasan K. Signaling through pricing by service providers with social preferences [J]. Marketing Science, 2014, 33 (5): 641-654.

[76] Jiang B, Sudhir K, Zou T. Cost-information transparency and intertemporal pricing [R]. Working Paper, 2015.

[77] Yoon J, Narasimhan R, Kim M K. Retailer's sourcing strategy under consumer stockpiling in anticipation of supply disruptions [J]. International Journal of Production Research, 2018, 56 (10): 3615-3635.

[78] Johnson M E. Product design collaboration: capturing lost supply chain value in the apparel industry [J]. Tuck School of Business Working Paper, 2002 (02-08).

[79] Kaya M, Özalp Özer. Quality risk in outsourcing: noncontractible product quality and private quality cost information [J]. Naval Research Logistics, 2010, 56 (7): 669-685.

[80] Krishnan H, Kapuscinski R, Butz D A. Coordinating contracts for decentralized

supply chains with retailer promotional effort [J]. Management Science, 2004, 50 (1): 48-63.

[81] Kuksov D, Pazgal A. Research note—the effects of costs and competition on slotting allowances [J]. Marketing Science, 2007, 26 (2): 259-267.

[82] Kunter M. Coordination via cost and revenue sharing in manufacturer - retailer channels [J]. European Journal of Operational Research, 2012, 216 (2): 477-486.

[83] Lariviere M A, Padmanabhan V. Slotting allowances and new product introductions [J]. Marketing Science, 1997, 16 (2): 112-128.

[84] Lee H L, Padmanabhan V, Whang S. Information distortion in a supply chain: the bullwhip effect [J]. Management Science, 1997, 43 (4): 546-558.

[85] Lee C H, Rhee B D, Cheng T C E. Quality uncertainty and quality-compensation contract for supply chain coordination [J]. European Journal of Operational Research, 2013, 228 (3): 582-591.

[86] Lee C Y, Yang R. Supply chain contracting with competing suppliers under asymmetric information [J]. IIE Transactions, 2013, 45 (1): 25-52.

[87] Lee H L, So K C, Tang C S. The value of information sharing in a two-level supply chain [J]. Management Science, 2000, 46 (5): 626-643.

[88] Lee H L, Padmanabhan V, Whang S. The bullwhip effect in supply chains [J]. Sloan Management Review, 1997, 38 (3): 93-103.

[89] Lee H L, Padmanabhan V, Whang S. Information distortion in a supply chain: the bullwhip effect [J]. Management Science, 1997, 43 (4): 546- 558.

[90] Chu L Y, Shamir N, Shin H. Strategic communication for capacity alignment with pricing in a supply chain [J]. Management Science, 2016, 63 (12): 4366-4388.

[91] Li H, Ritchken P, Wang Y. Option and forward contracting with asymmetric information: Valuation issues in supply chains [J]. European Journal of Operational Research, 2009, 197 (1): 134-148.

[92] Li, J., Wang, Y. Supplier Competition in decentralized assembly systems with

price sensitive and uncertain demand [J]. Manufacturing & Service Operations Management, 2010, 12 (1): 93-101.

[93] Li L, McKelvey R D, Page T. Optimal research for Cournot oligopolists [J]. Journal of Economic Theory, 1987, 42 (1): 140-166.

[94] Li Q, Liu Z. Supply chain coordination via a two-part tariff contract with price and sales effort dependent demand [J]. Decision Science Letters, 2015, 4 (1): 27-34.

[95] Li T, Tong S, Zhang H. Transparency of information acquisition in a supply chain [J]. Manufacturing & Service Operations Management, 2014, 16 (3): 412-424.

[96] Liu G, Zhang J, Tang W. Joint dynamic pricing and investment strategy for perishable foods with price-quality dependent demand [J]. Annals of Operations Research, 2015, 226 (1): 397-416.

[97] Ganesh M, Raghunathan S, rajendran C. The value of information sharing in a multi-product, multi-level supply chain: Impact of product substitution, demand correlation, and partial information sharing [J]. Decision Support Systems, 2014, 58: 79-94.

[98] Ma P, Wang H, Shang J. Supply chain channel strategies with quality and marketing effort-dependent demand [J]. International Journal of Production Economics, 2013, 144 (2): 572-581.

[99] Ma P, Wang H, Shang J. Contract design for two-stage supply chain coordination: integrating manufacturer-quality and retailer-marketing efforts [J]. International Journal of Production Economics, 2013, 146 (2): 745-755.

[100] Manthou V, Vlachopoulou M, Folinas D. Virtual e-Chain (VeC) model for supply chain collaboration [J]. International Journal of Production Economics, 2004, 87 (3): 241-250.

[101] Matsubayashi N. Price and quality competition: the effect of differentiation and vertical integration [J]. European Journal of Operational Research, 2007, 180 (2): 907-921.

[102] Mcivor R, Humphreys P, Mccurry L . Electronic commerce: supporting collaboration in the supply chain? [J]. Journal of Materials Processing Technology, 2003, 139 (1-3): 147-152.

[103] Gümüş M. With or without forecast sharing: competition and credibility under information asymmetry [J]. Production and Operations Management, 2014, 23 (10): 1732-1747.

[104] Mentzer J T Managing Supply Chain Collaboration//Supply Chain Management [M]. Sage Publications, Inc. , Thousand Oaks, California, 2001.

[105] Metters R. Production planning with stochastic seasonal demandand capacitated production [J]. Iie Transactions, 1997, 29 (11): 1017-1029.

[106] Milgrom, P. Good news and bad news: representation theorems and applications [J]. The Bell Journal of Economics, 1981, 12 (2): 380-391.

[107] Mittendorf B, Shin J, Yoon D H. Manufacturer marketing initiatives and retailer information sharing [J]. Quantitative Marketing and Economics, 2013, 11 (2): 263-287.

[108] Hu N, Dow K E, Chong A Y L, et al. Double learning or double blinding: an investigation of vendor private information acquisition and consumer learning via online reviews [J]. Annals of Operations Research, 2018: 1-22.

[109] Handbook of Quantitative Supply chain Analysis: Modeling in The E-business Era [M]. Springer Science & Business Media, 2004.

[110] Kaya O, Caner S. Supply chain contracts for capacity decisions under symmetric and asymmetric information [J]. Central European Journal of Operations Research, 2018, 26 (1): 67-92.

[111] Oh S, Özer Ö. Mechanism design for capacity planning under dynamic evolutions of asymmetric demand forecasts [J]. Management Science, 2013, 59 (4): 987-1007.

[112] Özer Ö, Raz G. Supply chain sourcing under asymmetric information [J]. Production and Operations Management, 2011, 20 (1): 92-115.

[113] Özer Ö, Subramanian U, Wang Y. Information sharing, advice provision, or

delegation: what leads to higher trust and trustworthiness? [J]. Management Science, 2017, 64 (1): 474-493.

[114] Pal B, Sana S S, Chaudhuri K. Two-echelon manufacturer - retailer supply chain strategies with price, quality, and promotional effort sensitive demand [J]. International Transactions in Operational Research, 2015, 22 (6): 1071-1095.

[115] Panos M. Markopoulos, Kartik Hosanagar. A model of product design and information disclosure investments [J]. Management Science, 2017, 64 (2): 739-759.

[116] Pasternack B A. Optimal pricing and return policies for perishable commodities [J]. Marketing science, 1985, 4 (2): 166-176.

[117] Gardete P M. Competing under asymmetric information: the case of dynamic random access memory manufacturing [J]. Management Science, 2016, 62 (11): 3291-3309.

[118] Porteus E L, Whang S. On manufacturing/marketing incentives [J]. Management Science, 1991, 37 (9): 1166-1181.

[119] Prices in a two-location inventory model [J]. Management Science, 2007, 53 (8).

[120] Feng Q, Lai G, Lu L X. Dynamic bargaining in a supply chain with asymmetric demand information [J]. Management Science, 2014, 61 (2): 301-315.

[121] Rached M, Bahroun Z, Baboli A, et al. Mathematical model for assignment policies and information sharing in a supply chain [C] //Proceedings of the 2013 IEEE 17th International Conference on Computer Supported Cooperative Work in Design (CSCWD) . IEEE, 2013: 615-620.

[122] Radhakrishnan B S. Quality Implications of Warranties in a Supply Chain [J]. Management Science, 2005, 51 (8): 1266-1277.

[123] Dominguez R, Cannella S, Framinan J M. The impact of the supply chain structure on bullwhip effect [J]. Applied Mathematical Modelling, 2015, 39

(23-24): 7309-7325.

[124] Rothwell, R. Successful industrial innovation: critical factors for the 1990s [J]. R&D Management, 1992, 22: 221-239.

[125] Yan R, Cao Z. Product returns, asymmetric information, and firm performance [J]. International Journal of Production Economics, 2017, 185: 211-222.

[126] Saha S. Supply chain coordination through rebate induced contracts [J]. Transportation Research Part E: Logistics and Transportation Review, 2013, 50: 120-137.

[127] Sherman R J. Collaborative planning, forecasting & replenishment (CPFR): realizing the promise of efficient consumer response through collaborative technology [J]. Journal of Marketing Theory and Practice, 1998, 6 (4): 6-9.

[128] Shi W S, Wedel W, Pieters F. Information acquisition during online decision making: a model-based exploration using eye-tracking data [J]. Management Science, 2013, 59 (5): 1009-1026.

[129] Shin H, Tunca T I. Do firms invest in forecasting efficiently? The effect of competition on demand forecast investments and supply chain coordination [J]. Operations Research, 2010, 58 (6): 1592-1610.

[130] Shin I, Kim H. The effect of subsidy policies on the product quality improvement [J]. Economic Modelling, 2010, 27 (3): 687-696.

[131] Simatupang T M, Sridharan R. A benchmarking scheme for supply chain collaboration [J]. Benchmarking: An International Journal, 2004a, 11 (1): 9-30.

[132] Simatupang T M, Sridharan R. An integrative framework for supply chain collaboration [J]. The International Journal of Logistics Management, 2005, 16 (2): 257-274.

[133] Simatupang T M, Sridharan R. Benchmarking supply chain collaboration: an empirical study [J]. Benchmarking: An International Journal, 2004b, 11

(5): 485-503.

[134] Simatupang T M, Sridharan R. The collaborative supply chain [J]. The International Journalof Logistics Management, 2002, 13 (1): 15-30.

[135] Simatupang T M, Wright A C, Sridharan R. Applying the theory of constraints to supply chain collaboration [J]. Supply Chain Management: An International Journal, 2004c, 9 (1): 57-70.

[136] Singer M, Donoso P, Traverso P. Quality strategies in supply chain alliances of disposable items [J]. Omega, 2003, 31 (6): 499-509.

[137] Su X, Zhang F. Strategic Customer behavior, commitment, and supply chain performance [J]. Management Science, 2008, 54 (10): 1759-1773.

[138] Taylor T A. Supply chain coordination under channel rebates with sales effort effects [J]. Management Science, 2002, 48 (8): 992-1007.

[139] Taylor T A, Xiao W. Incentives for retailer forecasting: rebates vs. returns [J]. Management Science, 2009, 55 (10): 1654-1669.

[140] Iida T. Benefits of leadtime information and of its combination with demand forecast information [J]. International Journal of Production Economics, 2015, 163: 146-156.

[141] Thomas D J, Griffin P M. Coordinated supply chain management [J]. European Journal of Operational Research, 1996, 94 (1): 1-15.

[142] Li T, Zhang H. Information sharing in a supply chain with a make-to-stock manufacturer [J]. Omega, 2015, 50: 115-125.

[143] Tsao Y C, Sheen G J. Effects of promotion cost sharing policy with the sales learning curve on supply chain coordination [J]. Computers & Operations Research, 2012, 39 (8): 1872-1878.

[144] Tsay A A. The quantity flexibility contract and supplier-customer incentives [J]. Management Science, 1999, 45 (10): 1339-1358.

[145] Tunca T I, Zenios S A. Supply auctions and relational contracts for procurement [J]. Manufacturing & Service Operations Management, 2006, 8 (8): 43-67.

[146] Urban G L. A mathematical modeling approach to product line decisions [J]. Journal of Marketing Research, 1969, 6 (1): 40-47.

[147] Vives X. Aggregation of information in large Cournot markets [J]. Econometrica: Journal of the Econometric Society, 1988: 851-876.

[148] Wang Y, Gerchak Y. Supply chain coordination when demand is shelf-space dependent [J]. Manufacturing & Service Operations Management, 2001, 3 (1): 82-87.

[149] Wang Y Y, Wang J C, Shou B. Pricing and effort investment for a newsvendor-type product [J]. European Journal of Operational Research, 2013, 229 (2): 422-432.

[150] Wei Shi Lim. Producer-Supplier Contracts with Incomplete Information [J]. Management Science, 2001, 47 (5): 709-715.

[151] Wei Y, Choi T M. Mean - variance analysis of supply chains under wholesale pricing and profit sharing schemes [J]. European Journal of Operational Research, 2010, 204 (2): 255-262.

[152] Wei Y, Chen Y F. Joint determination of inventory replenishment and sales effort with uncertain market responses [J]. International Journal of Production Economics, 2011, 134 (2): 368-374.

[153] Weitzman M L. Efficient incentive contracts [J]. The Quarterly Journal of Economics, 1980, 94 (4): 719-730.

[154] Schmidt W, Buell R W. Experimental evidence of pooling outcomes under information asymmetry [J]. Management Science, 2016, 63 (5): 1586-1605.

[155] with a generalized policy [J]. European Journal of Operational Research, 1997, 97 (3): 493-499.

[156] Fang X, Ru J, Wang Y. Optimal procurement design of an assembly supply chain with information asymmetry [J]. Production and Operations Management, 2014, 23 (12): 2075-2088.

[157] Xie G, Wang S, Lai K K. Quality improvement in competing supply chains

[J]. International Journal of Production Economics, 2011, 134 (1): 262-270.

[158] Xie J, Wei J C. Coordinating advertising and pricing in a manufacturer - retailer channel [J]. European Journal of Operational Research, 2009, 197 (2): 785-791.

[159] Yan X, Zaric G S. Families of supply chain coordinating contracts in the presence of retailer effort [J]. International Journal of Production Economics, 2016, 175: 213-225.

[160] Yao Z, Leung S C H, Lai K K . Manufacturer's revenue-sharing contract and retail competition [J]. European Journal of Operational Research, 2008, 186 (2): 637-651.

[161] Yu J, Ma S. Impact of decision sequence of pricing and quality investment in decentralized assembly system [J]. Journal of Manufacturing Systems, 2013, 32 (4): 664-679.

[162] Li Z, Ryan J K, Shao L, et al. Supply contract design for competing heterogeneous suppliers under asymmetric information [J]. Production and Operations Management, 2015, 24 (5): 791-807.

[163] Zhu K, Zhang R Q, Tsung F. Pushing quality improvement along supply chains [J]. Management Science, 2007, 53 (3): 421-436.

[164] Letson R. 协同供应链的启示 [J]. 风荷，译. 信息化管理，2002: 35.

[165] 艾凤义，侯光明. 纵向研发合作中的收益分配和成本分担机制 [J]. 中国管理科学，2004, V (6): 86-90.

[166] 蔡建湖，韩毅，周根贵. 基于承诺契约的两级供应链库存决策模型 [J]. 系统工程理论与实践，2011, 31 (10): 1879-1891.

[167] 曹柬，周根贵. 考虑质量失误的供应链合同制定策略研究 [J]. 浙江工业大学学报，2005, 33 (5): 579-582.

[168] 曹健，张申生. 协同产品开发中的协商方法研究 [J]. 计算机集成制造系统，2001, 7 (6).

[169] 曹柬，杨春节，李平，周根贵. 不对称信息下供应链线性分成制契约设计

研究［J］. 管理科学学报，2009（2）.
［170］陈超，蓝伯雄，朱涛．一般需求函数下的动态定价模型研究［J］. 运筹与管理，2010（02）：5-11.
［171］陈剑，徐鸿雁．基于销售商努力的供应商定价和生产决策［J］. 系统工程理论与实践，2009，29（5）：1-10.
［172］陈金亮，宋华，徐渝．不对称信息下具有需求预测更新的供应链合同协调研究［J］. 中国管理科学.
［173］陈敬贤．依赖于价格的供应链质量惩罚策略研究［J］. 工业工程，2011，14（4）：63-67.
［174］陈祥锋．供应链中质量担保决策［J］. 科研管理，2001，22（3）：114-120.
［175］达庆利，张钦，沈厚才．供应链中牛鞭效应问题研究［J］. 管理科学学报，2003，6（3）：86-93.
［176］但斌，张旭梅．基于 CPFR 的供应链合作关系［J］. 工业工程与管理，2000，5（1）：28-30.
［177］但斌，丁松，伏红勇．信息不对称下销地批发市场的生鲜供应链协调［J］. 管理科学学报，2013，16（10）：40-50.
［178］窦一凡，姚忠．考虑信息不对称的电子市场动态契约设计［J］. 中国管理科学，2016，24（7）：127-134.
［179］范丽繁，王满四．需求未知的主从竞争企业的定价和生产决策［J］. 系统管理学报，2014：132-141.
［180］范丽繁，姚珣．需求未知情形下的定价和生产决策探讨［J］. 广州大学学报（社会科学版），2013（02）：57-61.
［181］范丽繁．基于收益管理的 MTS 和 MTO 企业的供需管理研究［D］. 成都：电子科技大学，2012.
［182］方新．收益共享契约下促销努力对供应链绩效分析［D］. 成都：西南交通大学，2012.
［183］供应链网络系统的牛鞭效应时滞因素分析与库存控制策略研究［J］. 中国管理科学，2013，21（2）：107-113.

[184] 桂华明，马士华．运输成本对批量敏感时的供应链批量协调策略比较研究［J］. 中国管理科学，2008，16（2）：49-56.
[185] 桂云苗，秦丽萍，张廷龙．延期付款与零售商努力的供应链协调研究［J］. 经济经纬，2011（04）：97-101.
[186] 侯世旺，马锡琪．信息共享对供应链库存成本的价值分析［J］. 科技与管理，2004，6（3）：105-109.
[187] 胡本勇，王性玉．考虑努力因素的供应链收益共享演化契约［J］. 管理工程学报，2010，24（2）：135-138.
[188] 黄波，孟卫东，李宇雨．基于纵向溢出的供应链上、下游企业 R&D 合作研究［J］. 科技管理研究，2008，No. 184（6）：477-479.
[189] 黄敏镁．基于演化博弈的供应链协同产品开发合作机制研究［J］. 中国管理科学，2010，18（6）：155-162.
[190] 李翀，刘思峰，方志耕，白洋．供应链网络系统的牛鞭效应时滞因素分析与库存控制策略研究［J］. 中国管理科学，2013，21（2）：107-113.
[191] 李汉，王利，钱伟．国内供应链利润分配研究现状综述［J］. 科学技术与工程，2010（23）：68-75.
[192] 李菊芳，李希平．军品采购合同定价中的激励与风险［J］. 军事经济研究，2000（8）：29-33.
[193] 李丽君，黄小原，庄新田．双边道德风险条件下供应链的质量控制策略［J］. 管理科学学报，2005，8（1）：42-47.
[194] 李思诺，邵晓峰．季节性商品的二级供应链转运模型研究［J］. 西南民族大学学报（自然科学版），2014（02）：152-157.
[195] 李友东，赵道致，夏良杰．力量不对等供应链研究综述［J］. 西安电子科技大学学报（社会科学版），2011（03）：54-59.
[196] 李友东．外力干预下供应链低碳化运营决策行为研究［D］. 天津：天津大学，2013.
[197] 刘小群，马士华．供应链管理下物流外包的协作机制及其实现［J］. 管理学报，2005，2（4）：426-429.
[198] 刘学勇，熊中楷，熊榆．线性需求下的产品召回成本分担和质量激励

[J]. 系统工程理论与实践，2012 (7)：1400-1407.

[199] 楼高翔，张洁琼，范体军，等 非对称信息下供应链减排投资策略及激励机制 [J]. 管理科学学报，2016，19 (2)：42-52.

[200] 鲁其辉，朱道立．供应链中产品与信息质量改进的战略联盟策略研究 [J]. 管理科学学报，2010，13 (10)：79-88.

[201] 马利军，薛巍立，王汝现．零售商销售努力竞争时的供应链协调 [J]. 系统管理学报，2013，22 (6)：808-813.

[202] 马士华，林勇，陈志祥．供应链管理 [M]．北京：机械工业出版社，2000.

[203] 慕银平，唐小我．考虑库存成本的企业集团转移定价决策分析 [J]. 管理工程学报，2008，22 (3)：46-50.

[204] 牛海鹏，艾凤义．上下游投资、下游研发的收益分配和成本分担的机制 [J]. 数量经济技术经济研究，2004，21 (7)：109-114.

[205] 秦刚．不确定市场需求下的制造商销售渠道选择 [D]. 北京：华北电力大学，2014.

[206] 邱燕娜．江铃发动机公司：协同供应链成就中国式管理 [J]. 中国计算机报，2007，74.

[207] 饶艳．基于供应链管理的药品生产计划研究 [D]. 北京：北京交通大学，2010.

[208] 石岿然，盛昭瀚，马胡杰．双边不确定性条件下制造商质量投资与零售商销售努力决策 [J]. 中国管理科学，2014 (01)：39-46.

[209] 索寒生，储洪胜，金以慧．带有风险规避型销售商的供需链协调 [J]. 控制与决策，2004，19 (9)：1042-1044.

[210] 田厚平，刘长贤．双重信息不对称下销售渠道双目标混合激励模型 [J]. 管理科学学报，2011 (3) 34-37.

[211] 王芹鹏，赵道致．消费者低碳偏好下的供应链收益共享契约研究 [J]. 中国管理科学，2014，22 (9)：106-113.

[212] 王秋菲，李凯．纵向 RJVs 研发成本分担机制 [J]. 系统工程，2007，25 (5)：104-107.

[213] 王先甲，肖露，关旭，钱桂生．非对称供应成本信息下装配系统定价与供货策略研究 [J]．系统工程理论与实践，2015.

[214] 王新辉，汪贤裕，苏应生．双边信息不对称的供应链协调与效率分析 [J]．计算机集成制造系统，2012，18（6）：1271-1280.

[215] 王新辉，汪贤裕．考虑销售商风险规避的双边信息不对称的供应链协调 [J]．中国管理科学，2015，23（3）：97-107.

[216] 王新辉，汪贤裕．考虑销售商风险规避的双边信息不对称的供应链协调 [J]．中国管理科学，2015（3）：97-107.

[217] 吴蓉，桑琳，陈洁．信息获取差异对消费者品牌选择的影响——在线渠道与传统渠道的比较研究 [J]．情报科学，2007，25（4）：485-489.

[218] 熊中楷，曹俊，刘克俊．基于动态博弈的闭环供应链回收质量控制研究 [J]．中国管理科学，2007，15（4）：42-50.

[219] 熊中楷，刘芳兵．考虑质量提升的供应链质量成本分担合同研究 [J]．华东经济管理，2009，23（12）：100-103.

[220] 徐鸿雁，黄河，陈剑．针对不同类型销售商的长期激励合同设计研究 [J]．中国管理科学，2012（06）：120-126.

[221] 徐庆，朱道立，李善良．不对称信息下供应链最优激励契约的设计 [J]．系统工程理论与实践，2007，27（4）：27-33.

[222] 薛岭，蒋馥．供应链的模式与协调问题研究 [J]．系统管理学报，1998（3）：34-38.

[223] 杨亚，范体军，张磊．新鲜度信息不对称下生鲜农产品供应链协调 [J]．中国管理科学，2016（9）：147-155.

[224] 叶飞，李怡娜．具有风险规避者加盟的供应链协作回购契约机制研究 [J]．工业工程与管理，2006，11（2）：1-4.

[225] 叶涛锋，达庆利，徐宣国．需求与提前期不确定下的生产——销售协调 [J]．中国管理科学，2016，24（10）.

[226] 张斌，华中生．供应链质量管理中抽样检验决策的非合作博弈分析 [J]．中国管理科学，2006，14（3）：27-31.

[227] 张翠华，黄小原．非对称信息下供应链的质量预防决策 [J]．系统工程理

论与实践，2003，23（12）.
［228］张翠华，任金玉，于海斌．供应链协同管理的研究进展［J］. 系统工程，2005，23（4）：1-6.
［229］张力菠，韩玉启，陈杰．基于数量的供应商管理库存整合补货的牛鞭效应与成本研究［J］. 计算机集成制造系统，2007，13（2）：410-416.
［230］张廷龙，梁樑．不同渠道权力结构和信息结构下供应链定价和销售努力决策［J］. 中国管理科学，2012，V（2）：68-77.
［231］周茂森，但斌，于辉．互补品制造供应链的集团采购与需求信息共享［J］. 管理科学学报，2017，20（8）：63-79.
［232］周茂森，但斌，于辉．互补品制造供应链的集团采购与需求信息共享［J］. 管理科学学报，2017（8）.
［233］周明，张异，李勇，等．供应链质量管理中的最优合同设计［J］. 管理工程学报，2006，20（3）：120-122.
［234］庄品，王宁生．供应链协调机制研究［J］. 工业技术经济，2004，23（3）：71-73.